ENCYCLOPÉDIE
ÉLECTROTECHNIQUE

PAR

UN COMITÉ D'INGÉNIEURS SPÉCIALISTES

F. LOPPÉ, INGÉNIEUR DES ARTS ET MANUFACTURES
SECRÉTAIRE

LIGNES AÉRIENNES

Par P. BERGEON

INGÉNIEUR-ÉLECTRICIEN
SOUS-DIRECTEUR DE L'INSTITUT ÉLECTROTECHNIQUE
DE L'UNIVERSITÉ DE GRENOBLE
AVEC PRÉFACE DE **L. BARBILLION**
PROFESSEUR A L'UNIVERSITÉ DE GRENOBLE
DIRECTEUR DE L'INSTITUT ÉLECTROTECHNIQUE

1re PARTIE

PARIS

LIBRAIRIE DES SCIENCES ET DE L'INDUSTRIE
L. GEISLER, IMPRIMEUR-ÉDITEUR
1, Rue de Médicis, 1

1911

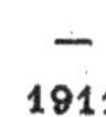

26e Fascicule.

LIGNES AÉRIENNES

PREMIÈRE PARTIE

Papier et Impression L. GEISLER

AUX CHATELLES

PAR RAON-L'ÉTAPE (VOSGES)

ENCYCLOPÉDIE
ÉLECTROTECHNIQUE

PAR

UN COMITÉ D'INGÉNIEURS SPÉCIALISTES

F. LOPPÉ, INGÉNIEUR DES ARTS ET MANUFACTURES
SECRÉTAIRE

LIGNES AÉRIENNES
(Première partie)

PAR **P. BERGEON**

INGÉNIEUR-ÉLECTRICIEN
SOUS-DIRECTEUR DE L'INSTITUT ÉLECTROTECHNIQUE
DE L'UNIVERSITÉ DE GRENOBLE

AVEC PRÉFACE DE L. BARBILLION
PROFESSEUR A L'UNIVERSITÉ DE GRENOBLE
DIRECTEUR DE L'INSTITUT ÉLECTROTECHNIQUE

PARIS
LIBRAIRIE DES SCIENCES ET DE L'INDUSTRIE
L. GEISLER, IMPRIMEUR-ÉDITEUR
1, Rue Médicis, 1

1910

PRÉFACE

On sait aujourd'hui l'extrême importance des lignes électriques dans les distributions d'énergie. — Quelque naturelle
que puisse paraître la notion du rôle primordial dévolu à cet
élément d'une exploitation, il n'en est pas moins curieux de
signaler que cette pleine compréhension d'un problème aussi
important date d'une dizaine d'années à peine.

Jusque-là, dans une distribution, tous les soins étaient
apportés à la station centrale et aux postes transformateur et
récepteur, déjà arrivés tous deux à un haut degré de perfec-
tionnement. *La ligne était ce qu'elle pouvait*, et l'on accordait à
peine plus d'attention à son rôle qu'à celui des fils de con-
nexion employés entre génératrice et réceptrice dans un transport d'énergie au laboratoire. Une série d'accidents d'ordre
électrique, mécanique, voire atmosphérique (coups de foudre),
de détériorations dues à la malveillance, attirèrent bientôt l'attention des exploitants sur la nécessité de la création d'une
« Technique de la ligne », comparable à la Technique des stations centrales et à celle des postes de distribution. Ce fut aux
vieux fiefs du royaume de la Houille Blanche, le Dauphiné et
les Savoies, qu'échut tout d'abord le périlleux honneur de faire
l'école de la nouvelle science. Le littoral méditerranéen, la
région des Pyrénées, se couvrirent ensuite de lignes alterna-

tives triphasées aux tensions croissantes (¹), alors que dans le pays d'origine de la transmission d'énergie, nous voyions réaliser le transport Moutiers-Lyon à courant continu série, système Thury sous 75 ampères, 57 000 volts (transport dont la tension, par suite de la récente adjonction d'usines nouvelles au réseau de la société exploitante, doit être portée prochainement à 120 000 volts).

En résumé, on peut affirmer qu'en une dizaine d'années, dans le seul domaine des courants alternatifs, la hardiesse des ingénieurs et des exploitants s'est haussée, dans d'incroyables proportions, des tensions modestes de 10 000, 15 000 volts à des tensions quadruples. Des tensions plus élevées sont même actuellement, çà et là, utilisées, mais il leur manque les chevrons d'une pratique suffisamment longue pour être admises, sans restrictions, dans la gamme des potentiels industriellement utilisables.

Quoi qu'il en soit, cet admirable essor des distributions d'énergie constitue l'une des phases les plus belles et les plus nobles du développement de l'industrie nationale et, à ce titre, les quelques lignes qui précèdent semblaient tout indiquées comme préface à l'étude d'une technique d'origine éminemment française, celle du transport d'énergie par lignes aériennes.

L. BARBILLION.

(¹) La tension de 50 000 volts alternatifs est facilement atteinte et soutenue en exploitation.

AVANT-PROPOS

Cet ouvrage est la reproduction du cours sur les lignes aériennes que doivent suivre les élèves de l'Institut Electrotechnique de Grenoble.

Dans ce premier volume nous nous sommes bornés à indiquer les principes qu'il est nécessaire de connaître pour pouvoir calculer les conducteurs d'une ligne, soit au point de vue électrique, soit au point de vue mécanique et nous avons réservé à un second fascicule l'étude des conducteurs, des isolateurs et des supports. Nous avons pensé qu'il était préférable de mettre en appendice les calculs assez délicats de la self-induction et de la capacité des lignes parce que, s'il est utile de les connaître, il n'est pas indispensable de les retenir et de les savoir aussi bien que les notions qui forment le corps même de cet ouvrage et dont nous exigeons de nos élèves la parfaite connaissance.

LIGNES AÉRIENNES

PREMIÈRE PARTIE

CALCULS ÉLECTRIQUES

CHAPITRE PREMIER

Base du calcul électrique d'une ligne aérienne

Le calcul électrique d'une ligne consiste essentiellement dans la détermination des valeurs les plus avantageuses à donner aux quantités suivantes :

P — Puissance disponible à l'arrivée de la ligne ;

U_{eff} — Tension efficace entre conducteurs à l'arrivée (tension composée dans le cas du triphasé) ;

φ — Angle de décalage du courant à l'arrivée (décalage provenant des récepteurs) ;

$P'\ U'_{eff}\ \varphi'$ — Quantités correspondantes au départ de la ligne ;

l — Longueur de la ligne (longueur simple) ;

S — Section des conducteurs ;

D — Distance entre conducteurs (c'est-à-dire l'écartement de ceux-ci) ;

p — Perte de puissance en ligne exprimée en % par rapport à la puissance à l'arrivée :

$$p = \frac{P' - P}{P} \times 100 ;$$

p' — Même perte exprimée en $^0/_0$ par rapport à la puissance au départ :

$$p' = \frac{P' - P}{P'} \times 100 \,;$$

u — Chute de tension en $^0/_0$ par rapport à la tension à l'arrivée :

$$u = \frac{U'_{\text{eff}} - U_{\text{eff}}}{U_{\text{eff}}} \times 100 \,;$$

u' — Chute de tension en $^0/_0$ par rapport à la tension au départ.

Certaines considérations, en majeure partie expérimentales et que l'on examinera plus loin, serviront de guide à l'ingénieur et lui permettront de se fixer une partie de ces quantités. D'autre part, les relations que l'on va établir lui donneront ensuite le moyen de calculer les autres.

Dans le cas du courant continu il n'existe qu'une seule relation entre la section des conducteurs, la puissance à transmettre, la tension entre conducteurs, la perte d'énergie en $^0/_0$ et la chute de tension en $^0/_0$, parce que ces deux dernières quantités sont toujours égales, la chute de tension ne dépendant pas de la self-induction de la ligne. [1]

Avec le courant alternatif il n'en est pas de même. La perte d'énergie en $^0/_0$ pouvant être très différente de la chute de tension en $^0/_0$, il existe alors deux relations, l'une se rapportant à la perte d'énergie, l'autre à la chute de tension. La perte d'énergie ne dépend, en effet, que du courant qui passe dans la ligne et de la résistance des conducteurs, la chute de tension dans le cas du courant alternatif est fonction, en plus du $\cos \varphi$ (des récepteurs), du rayon des conducteurs et de l'écartement de ceux-ci, c'est-à-dire de la self-induction propre de la ligne.

Cependant en pratique dans les cas les plus usuels, la chute de tension en $^0/_0$ n'étant pas très différente de la perte d'énergie en $^0/_0$, ainsi qu'on le verra dans la suite, on se contente souvent de n'employer que la première relation, c'est-à-dire de ne calculer la ligne qu'en fonction de la perte d'énergie. On évite ainsi le calcul beaucoup plus long de la

---

[1] Au moins dans le cas de régimes établis et non de perturbations passagères correspondant aux changements de ces régimes.

chute de tension. Celle-ci d'ailleurs, en général, n'a pas besoin d'être connue très exactement.

On établira donc d'abord la relation qui existe entre la perte d'énergie et les autres quantités, puis on donnera le calcul de la chute de tension et on indiquera enfin les considérations pratiques sur lesquelles on peut se baser pour faire le projet d'une ligne.

CHAPITRE II

Relation donnant la section des conducteurs
d'une ligne en fonction de la perte d'énergie en °/₀ (p ou p')
et des conditions à l'arrivée (P U$_{eff}$ φ)
ou de celles au départ (P' U'$_{eff}$ φ').

Soit ρ la résistivité des conducteurs en microhms cm. par cm².

On a, en exprimant les puissances P et P' en watts, les tensions U$_{eff}$ et U'$_{eff}$ en volts, la longueur l en mètres d'un conducteur unique et la section S en mm².

Cas du courant continu.

$$p = \frac{P' - P}{P} \times 100 = \left(2\rho \frac{l}{S} 10^{-2}\right) I^2 \frac{100}{P}.$$

Le facteur 2 est introduit dans la formule pour tenir compte du conducteur de retour, l ne représentant que la longueur kilométrique de la ligne.

D'autre part

$$I = \frac{P}{U}$$

d'où :

$$S = 2\rho \frac{lP}{pU^2}.$$

On aura de même en fonction, des conditions au départ, si ce sont ces dernières qui sont connues ou imposées :

$$S = 2\rho \frac{lP'}{p'U'^2}.$$

Cas du courant monophasé.

Même calcul, mais en vertu de la relation

$$I_{eff} = \frac{P}{U_{eff} \cos \varphi}.$$

On aura :

$$S = 2\rho \frac{lP}{pU^2_{eff} \cos^2 \varphi}$$

ou encore

$$S = \frac{2\rho lP'}{p'U'^2_{eff} \cos^2 \varphi'}.$$

Cas du courant triphasé.

Comme il y a 3 conducteurs parcourus chacun par le courant I_{eff}, nous aurons évidemment :

$$P - P' = 3\rho \frac{l}{S} 10^{-2} \times I^2_{eff}$$

or

$$I_{eff} = \frac{P}{U_{eff} \sqrt{3} \cos \varphi}$$

d'où :

$$S = \rho \frac{lP}{pU^2_{eff} \cos^2 \varphi} \text{ ou bien} = \rho \frac{lP'}{p'U'^2_{eff} \cos^2 \varphi'}.$$

Formule générale donnant la section des conducteurs d'une ligne.
Elle sera :

$$(1) \quad \left\{ \begin{array}{c} S = K \dfrac{lP}{p\,U^2_{\text{eff}} \cos^2 \varphi} \\[2ex] \text{ou} \\[2ex] S = K \dfrac{lP'}{p'\,U'^2_{\text{eff}} \cos^2 \varphi'}. \end{array} \right.$$

Où :

S = Section des conducteurs en mm² ;

K = Coefficient valant 2 en continu (avec $\cos \varphi = \cos \varphi' = 1$) et en monophasé, et valant 1 en triphasé ;

p = Résistivité en microhms-cm. par cm². ;

l = Longueur simple de la ligne en mètres ;

P = Puissance en watts à l'arrivée ;

U_{eff} = Tension en volts à l'arrivée entre conducteurs ;

p = Perte d'énergie en % par rapport à la puissance à l'arrivée ;

φ = Décalage à l'arrivée ;

P' U'_{eff} p' et φ' représentent les mêmes quantités, mais au départ de la ligne.

Coefficient de résistivité p à employer. — La résistivité du cuivre à 0° est sensiblement de 1,6 microhm-cm. par cm².

Pour tenir compte des impuretés du cuivre du commerce, des soudures, des mauvais contacts, etc., il convient de prendre en pratique une résistivité un peu plus grande.

D'autre part la température de la ligne peut dépasser très souvent 30°. A cette température la résistivité du cuivre devient :

$$p_{30°} = 1,6(1 + 0,004 \times 30) = 1,79.$$

Pour toutes ces raisons on prend en général, comme valeur pratique de la résistivité du cuivre ou du bronze employé ordinairement pour les lignes :

$$p = 1,8 \text{ microhm-cm. par cm².}$$

Pour l'*aluminium* on peut adopter pratiquement

$$p = 3.$$

Les lignes en aluminium ont donc approximativement, à égalité de section, une résistance égale aux $\frac{5}{3}$ de celle du cuivre.

Influence de l'effet Kelvin sur la valeur du coefficient de résistivité dans le cas du courant alternatif. — Ainsi qu'on le verra dans la suite de cette étude, la self-induction d'un conducteur parcouru par un courant alternatif étant plus grande vers son centre qu'à sa surface, le courant tend à se propager de préférence à la périphérie où la densité de courant devient alors plus considérable. Il en résulte une mauvaise utilisation des conducteurs et tout se passe numériquement comme si la résistivité de ceux-ci avait réellement augmenté.

L'influence de ce phénomène, connu sous le nom d'*Effet Kelvin*, est indiquée dans le tableau suivant où les augmentations de la résistivité du cuivre sont données en % pour différentes fréquences et différents diamètres du conducteur.

Diamètre du conducteur en m/m.	Fréquence en périodes par seconde		
	25	50	75
5	0,0027	0,0109	0,0246
10	0,043	0,175	0,394
15	0,22	0,88	1,99
20	0,7	2,8	6,3

L'effet Kelvin est donc absolument négligeable dans le cas des lignes aériennes ordinaires. Il n'est à considérer que :

1° Pour les fréquences très élevées ;

2° Pour les courants de très grande intensité.

Application. — Nous prendrons, comme exemple des théories précédentes, le calcul de la section des conducteurs de la ligne principale de distribution d'énergie allant de l'usine de Champ, de la Société Hydroélectrique de Fure et Morge (Isère), à Moirans. [On consultera avec intérêt sur ce point l'étude des installations de la Société de Fure et Morge, faite par M. Lépine, Administrateur de cette Société]. [1]

Les caractéristiques de ce transport sont les suivantes :

Courant triphasé.

Résistivité du cuivre	$\rho = 1{,}8$;
Longueur de la ligne	$l = 35\,000$ mètres ;
Puissance au départ	$P' = 3\,720\,000$ watts ;
Perte d'énergie admise	$p' = 7\,^0/_0$ de P' ;
Tension composée au départ	$U'_{eff} = 26\,000$ volts ;
Au départ on admet	$\cos \varphi' = 0{,}80$;

(Prévision expérimentale basée sur la constitution probable du réseau secondaire).

On a donc :

$$S = \frac{1{,}8 \times 35\,000 \times 3\,720\,000}{7 \times 26\,000^2 \times 0{,}80^2} = 77 \text{ mm}^2.$$

Afin de ne pas avoir à employer des fils de trop gros diamètre, on a établi de Champ à Moirans deux lignes que l'on a mises en parallèle. Chaque ligne est composée de 3 fils ayant chacun 7 mm. de diamètre. La section de deux conducteurs est ainsi exactement de 77 mm².

Comparaison du monophasé et du triphasé au point de vue de l'économie de cuivre. — *Pour une même puissance à transmettre, une même perte d'énergie en ligne, une même tension entre conducteurs et un même cos φ, on réalise avec le triphasé par rapport au monophasé une économie de 25 °/₀ sur le poids de cuivre de la ligne.*

Soient en effet :

S_m P_m la section de chaque conducteur et le poids total de ceux-ci en monophasé ;

S_t P_t les mêmes quantités en triphasé.

On a d'après la formule générale (1)

$$S_m = 2S_t.$$

---

[1] Collection « Au Pays de la Houille Blanche », Gratier et Rey, éditeurs.

Comme il faut deux conducteurs en monophasé et trois en triphasé et, si δ est la densité ou poids spécifique du métal constituant les conducteurs, on aura :

$$P_m = S_m \times 2l\delta = 2S_i \times 2l\delta$$
$$P_t = S_t \times 3l\delta$$

d'où

$$\boxed{\dfrac{P_m}{P_t} = \dfrac{4}{3}} \quad (1)$$

Influence très nuisible du cos φ et comparaison des lignes à courant alternatif avec celles à courant continu. — La formule générale montre que la section est inversement proportionnelle à $\cos^2 \varphi$ ou $\cos^2 \varphi'$.

Par conséquent, si l'on considère trois lignes établies l'une pour courant continu, l'autre pour courant monophasé et la troisième pour courants triphasés, lignes devant transmettre la même puissance avec la même tension entre conducteurs (tension efficace pour le monophasé et efficace composée pour le triphasé) et le même rendement, et si P_c, P_m,

---

(1) M. Marius Latour (voir *Eclairage Electrique*, 16 février 1901) a fait remarquer que si l'on suppose les tensions *entre conducteurs* U_{eff} égales dans les deux cas, les isolateurs de la ligne triphasée travaillent davantage car, si la ligne est bien isolée, ils ont à supporter normalement la tension étoilée (tension entre chaque conducteur et la terre) qui est égale à $\dfrac{U_{eff}}{\sqrt{3}}$ tandis que chaque isolateur de la ligne monophasée ne doit résister normalement qu'à la moitié de la tension entre conducteurs, soit $\dfrac{U_{eff}}{2}$.

En faisant travailler normalement les isolateurs à la même tension dans les deux cas, c'est-à-dire en prenant en triphasé une tension composée égale à $\dfrac{U_{eff}}{2} \sqrt{3}$, si la tension en monophasé est U_{eff}, on trouve alors facilement que le poids de cuivre est le même pour les deux lignes.

On peut objecter à cette opinion qu'au lieu de considérer le travail normal des isolateurs, il est préférable d'envisager la tension maximum que ceux-ci pourront avoir à supporter. Cette tension maximum existera lorsqu'un des conducteurs aura été mis à la terre accidentellement et *sera alors égale à la tension entre fils*.

On peut donc, avec les mêmes isolateurs, adopter en triphasé et en monophasé la même tension entre conducteurs et dans ce cas l'économie de 25 % est bien réelle avec le triphasé.

P_l représentent les poids de cuivre correspondant respectivement à chacune de ces lignes, on trouve facilement que :

a) pour $\cos \varphi = 1$ (cas d'un réseau d'éclairage),

$$P_c : P_m = \frac{4}{3} P_t$$

b) pour $\cos \varphi = 0,7$ (cas d'un réseau alimentant des moteurs ordinaires),

$$P_c = \frac{1}{2} P_m = \frac{2}{3} P_t$$

c) pour $\cos \varphi = 0,5$ (cas d'un réseau alimentant des petits moteurs ou des moteurs peu chargés),

$$P_c = \frac{1}{4} P_m = \frac{1}{3} P_t$$

On voit donc se manifester l'influence très nuisible d'un faible $\cos \varphi$ sur une ligne et l'avantage que l'emploi du courant continu peut alors présenter.

Avantage des tensions élevées. — La section des conducteurs étant inversement proportionnelle *au carré* de la tension, en augmentant celle-ci on diminue donc considérablement le poids de cuivre de la ligne.

CHAPITRE III

Détermination de la chute de tension en ligne.

———

La chute de tension en valeur absolue, c'est-à-dire la différence $U' - U$ entre la tension au départ et celle à l'arrivée, n'est pas très utile à connaître. Ce qu'il faut indiquer, pour pouvoir se rendre compte du fonctionnement d'une ligne, c'est la chute de tension relative exprimée en % par rapport soit à la tension au départ

$$n' = \frac{U' - U}{U'} \times 100$$

Soit à la tension à l'arrivée

$$n = \frac{U' - U}{U} \times 100.$$

Comme c'est la tension à l'arrivée qui, en général, doit être maintenue constante, c'est donc par rapport à cette tension que l'on devra de préférence exprimer la chute de tension en %.

Causes qui produisent la chute de tension dans le cas d'une ligne à courant alternatif. — Ces causes sont au nombre de trois, à savoir :

La résistance ohmique des conducteurs.

La self-induction de la ligne.

Les f. e. m. induites dans la ligne par des courants alternatifs circulant dans des lignes voisines.

Certains phénomènes de capacité agissent bien pour modifier la tension de la ligne à l'arrivée mais, ainsi qu'on le verra dans la suite, leur influence n'est guère sensible que lorsque la ligne est simplement sous tension, sans donner lieu à aucune transmission de puissance.

On va tout d'abord calculer la chute de tension, en ne tenant compte que de la résistance et de la self de la ligne, et on indiquera ensuite quels sont les effets d'induction mutuelle des lignes entre elles.

Calcul de la chute de tension dûe à la résistance ohmique et à la self de la ligne. — *Cas du monophasé.*

Soient :

L, le coefficient de self-induction de la ligne ;

R, la résistance d'un seul conducteur ;

f, la fréquence du courant, ou nombre de périodes par seconde ;

Ω, la pulsation $= 2\pi f$.

On peut facilement construire le diagramme de la figure 1 dans lequel on aura :

$OA = U'_{\text{eff}}$, tension au départ, décalée de φ' par rapport au courant I_{eff} ;

$OB = U_{\text{eff}}$, tension à l'arrivée, décalée de φ par rapport à I_{eff} ;

$BC = 2RI_{\text{eff}}$, chute de tension ohmique en phase avec I_{eff} ;

$CA = L\Omega I_{\text{eff}}$, chute de tension inductive, décalée de $\frac{\pi}{2}$ en avant sur I_{eff}.

Prolongeons AC : dans le triangle rectangle OAX on a :

$$U'_{\text{eff}} = \sqrt{(U_{\text{eff}} \cos\varphi + 2RI_{\text{eff}})^2 + (U_{\text{eff}} \sin\varphi + L\Omega I_{\text{eff}})^2}$$

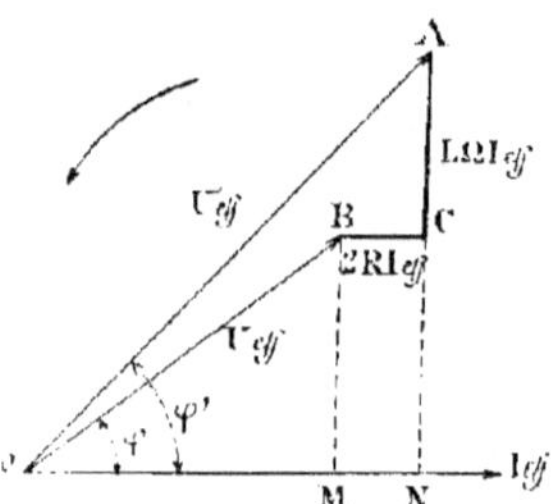

Fig. 1. — Diagramme donnant la chute de tension d'une ligne monophasée.

On a de même, en abaissant du point B une perpendiculaire sur la direction I_{eff} et en considérant le triangle OBM :

$$U_{\text{eff}} = \sqrt{(U_{\text{eff}} \cos\varphi - 2RI_{\text{eff}})^2 + (U_{\text{eff}} \sin\varphi - L\Omega I_{\text{eff}})^2}$$

Il est donc facile, connaissant L, R et les conditions au départ ou à l'arrivée, de calculer la chute de tension.

Cas du Triphasé.

On supposera les 3 phases également chargées et les 3 conducteurs disposés aux trois sommets d'un triangle équilatéral.

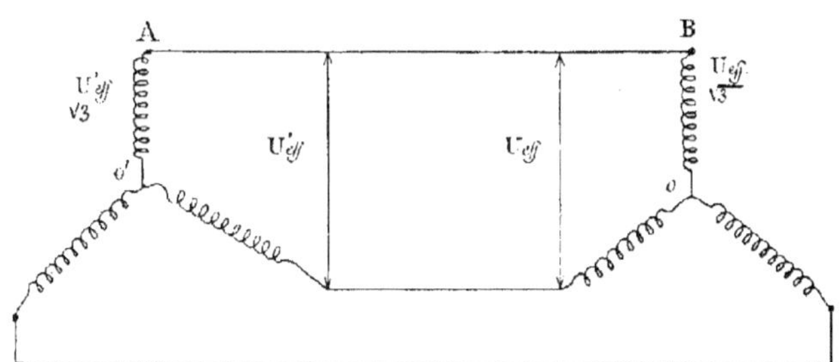

Fig. 2. — Ligne triphasée.

Les points neutres O et O' sont alors au même potentiel.

On démontre que, dans ce cas, les flux dûs aux courants qui circulent dans ces conducteurs induisent dans ceux-ci des f. é. m. constituées de telle façon que tout se passe comme si chaque conducteur possédait seulement une certaine self-induction.

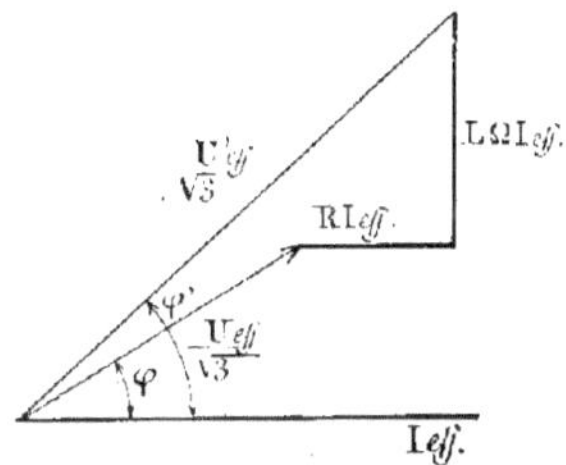

Fig. 3. — Diagramme donnant la chute de tension d'une triphasée.

Soit L ce coefficient de *self-induction apparente*.

Comme les points O et O' sont au même potentiel, on peut tracer le diagramme de la figure 3, en considérant le circuit O'ABO.

Il vient évidemment :

$$\frac{U'_{eff}}{\sqrt{3}} = \sqrt{\left(\frac{U_{eff}}{\sqrt{3}}\cos\varphi + RI_{eff}\right)^2 + \left(\frac{U_{eff}}{\sqrt{3}}\sin\varphi + L\Omega I_{eff}\right)^2}.$$

Nous aurions une expression analogue pour $\dfrac{U_{eff}}{\sqrt{3}}$ mais avec le signe —.
Finalement nous obtiendrons :

$$U'_{eff} = \sqrt{(U_{eff}\cos\varphi + \sqrt{3}\,RI_{eff})^2 + (U_{eff}\sin\varphi + \sqrt{3}\,L\Omega I_{eff})^2}$$

et

$$U_{eff} = \sqrt{(U'_{eff}\cos\varphi' - \sqrt{3}\,RI_{eff})^2 + (U'_{eff}\sin\varphi' - \sqrt{3}\,L\Omega I_{eff})^2},$$

formules que l'on trouve parfois utilisées par certains auteurs sous des
formes un peu différentes.

Influence de la fréquence du courant sur la chute de tension. —
Dans le diagramme des figures 1 et 3 le vecteur $L\Omega I_{eff}$ est proportionnel
à la fréquence f car la pulsation $\Omega = 2\pi f$.

La chute de tension sera donc d'autant plus faible que la fréquence
sera moins élevée, d'où l'avantage très sensible du courant à 25 périodes
pour les longues lignes, sur le courant à 50, très en faveur jusqu'à ces
dernières années.

Valeur moyenne de la réactance $L\Omega$. — Le coefficient de self-induction L, en monophasé comme en triphasé, dépend du rayon des conducteurs et de l'écartement de ceux-ci. *Il augmente avec l'écartement et
diminue avec le rayon.*

Ce coefficient, dont l'expression analytique dérive de considérations
mathématiques trop délicates pour trouver place ici, est d'ailleurs assez
peu variable. En particulier, si l'on considère les deux cas extrêmes qui
peuvent se présenter en pratique dans l'établissement d'une ligne
aérienne, on obtient les résultats suivants :

Pour une fréquence de 50 périodes.

Le rayon des conducteurs étant de 10 mm.
L'écartement des conducteurs étant de 20 cm.

$$\begin{cases} L\Omega = 0{,}4 \text{ ohm par kilomètre en monophasé} \\ L\Omega = 0{,}2 \text{ ohm par kilomètre en triphasé. } (^1) \end{cases}$$

Le rayon des conducteurs étant de 3 mm.
L'écartement des conducteurs étant de 150 cm.

$$\begin{cases} L\Omega = 0{,}81 \text{ ohm par kilomètre en monophasé} \\ L\Omega = 0{,}405 \text{ ohm par kilomètre en triphasé.} \end{cases}$$

Dans les conditions de la pratique courante, la réactance d'une ligne variant assez peu avec le rayon des conducteurs et l'écartement de ceux-ci, on peut admettre, pour un calcul suffisamment approché que la, *réactance d'une ligne est pratiquement constante.*

On peut donc prendre en moyenne pour $f = 50$ périodes par seconde.

$$L\Omega = 0{,}6 \text{ ohm par kilomètre en monophasé}$$
$$L\Omega = 0{,}3 \text{ ohm par kilomètre en triphasé.}$$

Pour $f = 25$ périodes, l'on a évidemment $L\Omega = 0{,}3$ ohm en monophasé et 0,15 en triphasé.

Relation existant entre la chute de tension en % u et la perte d'énergie en % p. — Il est intéressant de chercher à comparer ces deux quantités. La perte d'énergie en % étant en effet bien plus facile à calculer que la chute de tension en %, on peut souvent se contenter de déterminer seulement la perte d'énergie si on connaît une relation au moins approchée entre celle-ci et la chute de tension.

Au départ et à l'arrivée, P' et P représentant les puissances distribuées

---

(^{1}) Le coefficient L est ainsi deux fois plus grand en monophasé qu'en triphasé.

et U'_{eff} et U_{eff} les tensions fournies, on a, en monophasé comme en tri-phasé :

$$p = \frac{P' - P}{P} \times 100 = \frac{U'_{\text{eff}} \cos \varphi' - U_{\text{eff}} \cos \varphi}{U_{\text{eff}} \cos \varphi} \times 100$$

d'autre part

$$u = \frac{U'_{\text{eff}} - U_{\text{eff}}}{U_{\text{eff}}} \times 100.$$

On peut écrire enfin, ce qui ne constitue qu'un artifice mathématique :

$$p = \left(\frac{U'_{\text{eff}} \cos \varphi - U_{\text{eff}} \cos \varphi + U'_{\text{eff}} \cos \varphi' - U'_{\text{eff}} \cos \varphi}{U_{\text{eff}} \cos \varphi} \right) \times 100$$

d'où :

$$p = u + \frac{U'_{\text{eff}}(\cos \varphi' - \cos \varphi)}{U_{\text{eff}} \cos \varphi} \times 100.$$

Cette relation montre que :

$$p = u \text{ pour } \cos \varphi' = \cos \varphi$$
$$p > u \text{ pour } \cos \varphi' > \cos \varphi$$
$$p < u \text{ pour } \cos \varphi' < \cos \varphi.$$

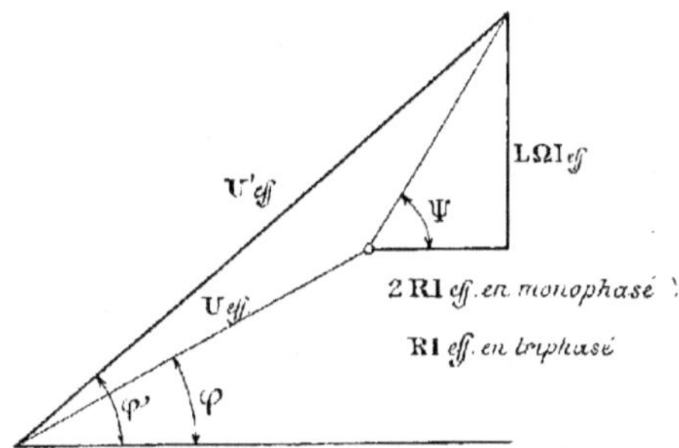

Fig. 4 — Diagramme utilisé pour trouver une relation entre la chute de tension en % et la perte d'énergie en %.

Considérons le diagramme de la figure 4. Suivant que l'angle ψ sera supérieur, égal ou inférieur à φ, la perte d'énergie sera elle-même inférieure, égale ou supérieure à la chute de tension.

Or

$$\lg \psi = \frac{L\Omega}{2R} \text{ en monophasé}$$

$$\lg \psi = \frac{L\Omega}{R} \text{ en triphasé.}$$

D'autre part, on a vu que l'on avait sensiblement, pour $f = 50$ périodes,

$$L\Omega = 0,6 \text{ ohm par kilomètre en monophasé}$$

et

$$L\Omega = 0,3 \text{ ohm en triphasé.}$$

Si r représente la résistance kilométrique d'un conducteur, on aura de même :

$$\lg \psi = \frac{0,3}{r}$$

pour 50 périodes en monophasé comme en triphasé.

On voit alors facilement que :

a) *Pour* $\cos \varphi = 1$, l'angle ψ ne pouvant être égal à φ, c'est-à-dire être nul que pour une valeur infinie de la résistance r, la chute de tension en $^0/_0$ est, dans tous les cas, plus grande que la perte d'énergie en $^0/_0$, et cela d'autant plus que la résistance r est plus petite.

b) *Pour*

$$\cos \varphi = 0,8 \qquad (\varphi = 37)^0$$

on a :

$$\lg \psi = \lg 37^0 - 0,754 = \frac{0,3}{r}$$

d'où $r = 0,4$ ohm.

C'est la résistance kilométrique d'un fil de 7 mm. de diamètre.

On aura donc, dans le cas du courant à 50 périodes, avec $\cos \varphi = 0,8$, et si d est le diamètre des conducteurs :

$$u > p \quad \text{si } d > 7 \text{ mm.}$$
$$u = p \quad \text{si } d = 7 \text{ mm.}$$
$$u < p \quad \text{si } d < 7 \text{ mm.}$$

On peut arriver ainsi à retrouver facilement les résultats suivants, qui sont très utiles en pratique.

Résultats pratiques. — Dans le cas du monophasé comme dans celui du triphasé

a) Pour cos $\varphi = 1$.

La chute de tension en °/₀ est, dans tous les cas, plus grande que la perte d'énergie en °/₀ et cela d'autant plus que les conducteurs ont une plus forte section.

Pratiquement, avec les sections employées ordinairement pour les lignes aériennes, la différence est très faible.

b) Pour cos $\varphi = 0,8$.

La chute de tension en °/₀ est égale à la perte d'énergie en °/₀ lorsque les conducteurs ont un diamètre de :

$$7 \text{ mm. dans le cas de } f = 30 \text{ périodes}$$
$$10 \text{ mm.} \qquad » \qquad » = 25 \qquad »$$

c) Pour cos $\varphi = 0,6$.

La chute de tension est égale à la perte d'énergie pour des conducteurs ayant :

$$\text{un diamètre de } 10 \text{ mm. } (75 \text{ mm}^2) \text{ avec } f = 50$$
$$\text{une section de } 150 \text{ mm}^3 \qquad \text{avec } f = 25.$$

Lorsque les conducteurs ont des sections plus fortes que celles que l'on vient d'indiquer ci-dessus, la chute de tension est plus grande que la perte en énergie ; dans le cas contraire elle est plus faible.

Ainsi pour les lignes aériennes, la connaissance de la perte en énergie, pourra le plus souvent suffire, puisque dans la plupart des cas (cos $\varphi \leqslant 0,8$, diamètre des conducteurs $\leqslant 7$ mm., fréquence $\leqslant 50$ périodes) la chute de tension en °/₀ est plus petite que la perte d'énergie en °/₀. En admettant, pour tous les cas rentrant dans la catégorie visée plus haut, que ces deux quantités sont égales, on aura toute sécurité.

Influence du cos φ des appareils placés à l'arrivée sur la chute de tension en ligne. — Par ce qui précède, on voit suffisamment que *pour une perte d'énergie en °/₀ déterminée*, la chute de tension devient plus petite lorsque le cos φ diminue.

Si au contraire *c'est la puissance au départ ou à l'arrivée que l'on suppose devoir rester constante*, comme la perte d'énergie en °/₀ est inversement proportionnelle au carré du $\cos \varphi$, la chute de tension augmente également lorsque le $\cos \varphi$ diminue, mais moins rapidement que la perte d'énergie.

Avantage présenté par la subdivision d'une canalisation aérienne en plusieurs lignes, afin de diminuer la chute de tension. — Pour réduire la chute de tension il faut évidemment diminuer les vecteurs $L\omega I_{wr}$ et RI_{wr}.

Or $L\omega$ est, on l'a vu, pratiquement constant quel que soit le diamètre des conducteurs. En faisant varier la section, on agit donc seulement sur R.

Par suite :

Si le vecteur RI_{wr} est très grand par rapport au vecteur $L\omega I_{wr}$, en faisant varier la section, on fera varier beaucoup la chute de tension.

Si au contraire RI_{wr} est très petit par rapport à $L\omega I_{wr}$, on pourra augmenter beaucoup la section des conducteurs sans diminuer sensiblement la chute de tension.

Dans ce dernier cas, on agit d'une façon *beaucoup plus efficace dans le sens désiré en doublant ou en triplant la ligne tout en conservant le même poids de cuivre.*

En effet si l'on remplace chaque fil de ligne par deux conducteurs ayant chacun une section deux fois plus faible, RI_{wr} ne sera pas changé car R aura doublé tandis que I_{wr} aura été divisé par deux, mais $L\omega I_{wr}$ aura été divisé par deux puisque l'intensité dans chaque fil est la moitié de ce qu'elle était dans le cas de la ligne unique. Donc si $L\omega I_{wr}$ est grand par rapport à RI_{wr} la chute de tension pourra être ainsi bien diminuée sans augmentation de poids de cuivre et d'une façon plus efficace que si l'on avait augmenté la section des conducteurs.

Comparaison entre le monophasé et le triphasé au point de vue de la chute de tension. — *Comparons deux lignes, l'une monophasée, l'autre triphasée.*

On veut avoir, dans les deux cas, à l'arrivée de la ligne :

La même puissance disponible P ;

La même tension entre fils U_{arr} ;

Le même $\cos \varphi$.

Si

$$(I_{eff})_t = \text{intensité efficace en triphasé} ;$$

$$(I_{eff})_m = \quad » \quad » \quad \text{en monophasé}.$$

On aura évidemment :

$$P = U_{eff} (I_{eff})_t \sqrt{3} \cos \varphi$$

$$= U_{eff} (I_{eff})_m \cos \varphi$$

d'où :

$$(I_{eff})_t = \frac{(I_{eff})_m}{\sqrt{3}} .$$

La perte en ligne devant être la même dans les deux cas, il en résulte :

$$3 R_t (I^2_{eff})_t = 2 R_m (I^2_{eff})_m.$$

R_t et R_m étant les résistances des conducteurs en triphasé et en monophasé, d'où

$$R_t = 2 R_m.$$

D'autre part, on a vu qu'entre les coefficients de self-induction des deux sortes de lignes, on avait la relation :

$$L_t = \frac{1}{2} L_m.$$

Si dans les formules donnant en triphasé la tension au départ on remplace $(I_{eff})_t$, R_t et L_t par leurs valeurs trouvées en fonction de $(I_{eff})_m$, R_m et L_m, on obtient en triphasé :

$$(U'_{eff_t}) = \sqrt{\left[U_{eff} \sin \varphi + L_m \frac{\omega}{2} (I_{eff})_m \right]^2 + \left[U_{eff} \cos \varphi + 2 R_m (I_{eff})_m \right]^2}$$

et en monophasé :

$$(U'_{eff})_m = \sqrt{\left[U_{eff} \sin \varphi + L_m \omega (I_{eff})_m \right]^2 - \left[U_{eff} \cos \varphi + 2 R_m (I_{eff})_m \right]^2}$$

donc

$$U_t < U_m.$$

La chute de tension est ainsi un peu plus grande en *monophasé* qu'en triphasé, surtout si le vecteur correspondant à la self-induction est plus grand que celui relatif à la résistance, c'est-à-dire dans le cas des lignes ayant des conducteurs de grosse section.

Induction mutuelle des lignes parcourues par du courant alternatif. — Une ligne dans laquelle circule un courant alternatif, ou d'une manière générale un courant d'intensité variable, peut agir de deux façons bien différentes sur une autre ligne placée à proximité : *par induction électrostatique et par induction électromagnétique.*

L'induction électrostatique d'une ligne sur une autre est une simple conséquence du phénomène, bien connu, d'électrisation par influence qui se manifeste lorsqu'un corps élevé à un certain potentiel se trouve placé à côté d'un autre.

Elle ne dépend que de la tension de la ligne inductrice et nullement de l'intensité du courant que celle-ci peut transmettre. Cette induction est donc aussi forte lorsque la ligne est simplement sous tension, sans débiter aucun courant, que lorsqu'elle transporte sa puissance maximum.

L'induction électromagnétique, au contraire, provenant des variations du flux magnétique que le courant circulant dans la ligne inductrice créé autour d'elle, ne dépend que de l'intensité de ce courant et reste la même quelle que soit la tension de fonctionnement de la ligne.

Bien entendu ces deux inductions sont d'autant plus fortes que les lignes sont plus rapprochées et qu'elles se suivent parallèlement sur une plus grande longueur.

L'induction électrostatique, qui charge les conducteurs de la ligne induite à un certain potentiel, n'a pas d'influence bien sensible sur la chute de tension qui peut prendre naissance dans ces conducteurs lorsqu'ils viennent à être parcourus par un courant industriel. On n'en tient donc pas compte dans le calcul des lignes.

Cette induction, par contre, peut déterminer entre les conducteurs de la ligne induite et la terre une différence de potentiel qui, dans le cas des lignes à haute tension, peut être suffisamment considérable pour rendre très dangereuse la ligne induite.

L'induction électromagnétique, créant une véritable f. é. m. dans les conducteurs de la ligne induite, pourrait agir sur la chute de tension de celle-ci, mais, pratiquement, avec les intensités toujours assez faibles qui passent dans les lignes aériennes, son action peut être à ce point de vue parfaitement négligée.

Il n'en n'est pas de même lorsque la ligne induite doit servir à transmettre des courants produits par des f. e. m. relativement très faibles comme c'est le cas pour les lignes télégraphiques et téléphoniques. L'induction électro-magnétique peut alors engendrer dans ces lignes de graves perturbations qu'il importe d'éviter en croisant, à intervalles réguliers, les conducteurs de ces lignes afin d'annuler les f. é. m. induites.

CHAPITRE IV

Etablissement du projet d'une ligne aérienne de transport

Rôle d'une ligne aérienne de transport d'énergie. — Entre la station centrale — que nous supposerons, pour fixer les idées [cas le plus général], pourvue de groupes générateurs à courants alternatifs — et les postes récepteurs, centres de distribution dans des localités diverses, consommatrices d'énergie, — existent souvent des distances relativement considérables : 100, 200 kilomètres, et même au-delà [1], distances qui, sous peine de perte de la majorité de l'énergie disponible, doivent être franchies à haute tension [le plus généralement de 25 à 50 000 volts alternatifs triphasés, suivant les distances et les contingences locales]. L'alimentation des moteurs et des lampes s'effectuant généralement à basse tension, et la construction des alternateurs à haute tension directe [au-dessus de 10 000 v.] présentant des difficultés spéciales, le transport d'énergie comprend généralement, comme intermédiaire, une batterie de transformateurs-élévateurs à l'usine génératrice, une ligne fonctionnant avec la plus haute tension, donc la plus économique, compatible avec les conditions particulières régissant le transport, enfin des postes transformateurs-abaisseurs à l'arrivée.

---

[1] Une jonction est actuellement établie entre des lignes électriques puisant leur énergie dans les usines installées sur le Haut-Drac [dans l'Isère] avec les lignes du Plateau Central dont les centres sont Roanne et Saint-Étienne.

Nous allons donc nous occuper dans ce qui suit simplement de la ligne aérienne, *généralement* à haute tension.

Nous appellerons, pour classer les idées, *lignes de transport* les lignes à plus ou moins haute tension reliant l'usine génératrice aux points de distribution. Nous dénommerons *lignes de distribution* les lignes reliant les postes de distribution aux appareils de réception.

Détermination de la section des conducteurs et de la perte d'énergie en %. — Lorsque l'on doit faire le projet d'une ligne aérienne de transport, on connaît ordinairement la longueur que celle-ci devra avoir et la puissance maximum qu'elle est appelée à transmettre.

En outre, dans le cas du courant alternatif, si l'on est renseigné sur la nature des appareils récepteurs, on peut se fixer assez facilement le $\cos \varphi$ à l'arrivée de la ligne. Il ne reste donc à déterminer que la tension de fonctionnement, le rendement et la section des conducteurs de la ligne pour que les calculs électriques de celle-ci soient complètement terminés.

Ce sont surtout des considérations d'ordre économique qui doivent servir de guide dans cette détermination. En réduisant la section et le voltage de la ligne on diminuera les dépenses de premier établissement et par suite l'intérêt et l'amortissement du capital à engager, mais par contre on réduira les recettes de la valeur correspondant à l'augmentation de la puissance que l'on est obligé de perdre dans la ligne.

Il y a donc un juste milieu à garder, assez délicat d'ailleurs à apprécier.

Lord Kelvin a proposé, à cet effet, une règle célèbre que l'on peut énoncer de la façon suivante :

Les meilleures conditions économiques de l'établissement d'une ligne sont celles pour lesquelles la dépense annuelle d'intérêt et d'amortissement du cuivre de la ligne est égale au prix auquel l'on pourrait vendre l'énergie perdue en ligne par effet Joule.

Cette règle est malheureusement presque toujours bien difficile à appliquer dans la pratique où interviennent de nombreuses conditions particulières. Il est d'ailleurs souvent difficile de connaître exactement le prix de vente de l'énergie, car celui-ci peut varier suivant les abonnés à desservir, suivant les heures de la journée et aussi suivant les années.

Pour établir le projet d'une ligne on procède plutôt de la façon suivante :

Le cos φ des appareils récepteurs [1] étant admis, on choisit, en se basant sur les indications que nous donnons plus loin, la tension qui paraît devoir être la plus convenable et la plus économique pour l'établissement et le fonctionnement de la ligne et aussi de l'ensemble de toute l'installation.

On se donne ensuite *a priori* une perte d'énergie de 5 % par exemple si la ligne est courte, ou doit transporter une puissance assez faible, ou pouvant se vendre à un prix relativement élevé, ou bien de 10 % et même de 15 % s'il en est autrement.

Il est ainsi possible d'obtenir, pour une première approximation, toutes les données qui sont nécessaires pour pouvoir calculer la section des conducteurs en employant la formule générale (1).

Si la section obtenue par ce premier calcul est manifestement trop faible ou trop forte, on modifie, en conséquence la tension ou la perte d'énergie.

On arrive ainsi, assez facilement, à pouvoir se fixer tout d'abord la tension qui convient particulièrement à l'installation que l'on étudie, d'autant plus que l'obligation d'admettre une tension usuelle restreint beaucoup le choix de celle-ci.

Il faut alors, en dernier lieu, déterminer exactement la perte d'énergie et la section des conducteurs remplissant les conditions les plus avantageuses. Cette détermination est assez délicate.

On doit, en effet, pour cela, mettre en balance d'une part l'économie d'intérêt et d'amortissement que l'on peut réaliser en réduisant la section des conducteurs, économie variable suivant le cours du cuivre ou de l'aluminium, et d'autre part la diminution des recettes provenant de l'augmentation de la perte d'énergie en ligne par suite de la réduction de la section. Cette comparaison ne peut être que très approximative.

---

[1] On peut adopter pour le cos φ à l'arrivée de la ligne les valeurs suivantes :

cos φ = 0,9 à 1 pour l'éclairage.

cos φ = 0,7 à 0,8 dans le cas d'une distribution ordinaire de force motrice ;

cos φ = 0,5 à 0,6 si le réseau renferme beaucoup de petits moteurs (de puissance inférieure à 1 cheval) ou des gros moteurs très peu chargés.

Il convient de tenir compte, en outre, de la chute de tension qui ne doit pas être exagérée, surtout si la ligne projetée est destinée à fournir de l'éclairage. Il est rare, pour cette raison, que l'on admette une perte d'énergie supérieure à 15 %.

D'autre part pour que l'échauffement des conducteurs ne soit pas trop considérable, il convient de limiter la densité de courant *surtout pour les lignes de très faible longueur* car, dans ce cas, bien souvent, la section doit être fixée en tenant compte plutôt de la densité de courant que de la perte d'énergie qui devient alors très faible. On trouvera à la fin de cet ouvrage les valeurs limites que l'on peut admettre pour la densité de courant.

Il importe également de ne pas oublier que les règlements interdisent l'emploi de conducteurs ayant moins de 3 mm. de diamètre (7 mm^2. de section) et que les difficultés de montage ne permettent guère d'utiliser pratiquement, pour de longues distances du moins, des sections dépassant 60 à 80 mm^2 et obligent à dédoubler les lignes si des sections plus fortes sont indispensables.

Enfin, surtout, bien des considérations particulières (intérêt de réduire le capital, possibilité d'utiliser des conducteurs disponibles en magasin, nécessité de diminuer les efforts agissant sur les supports, etc., interviennent pour achever de fixer le choix de la section des conducteurs et par suite de la perte d'énergie en ligne.

Considérations qui servent de guide pour le choix de la tension. — Il est évidemment avantageux d'adopter une tension aussi élevée que possible afin de réduire la section des conducteurs et la perte d'énergie en ligne. Toutefois on est assez vite limité dans l'élévation du voltage de la ligne par le prix des isolateurs, de l'appareillage, des transformateurs et de leurs postes, ainsi que par les difficultés d'exploitation qui augmentent rapidement avec la tension. Il faut donc dans chaque cas particulier, établir le devis de l'installation en envisageant plusieurs tensions différentes afin de pouvoir reconnaître celle qui conduit à la solution la plus économique.

Il importe de remarquer que, dans bien des cas, la ligne pouvant être appelée à transmettre plus tard une puissance plus considérable par suite d'un développement inespéré de l'installation, il est bon de prévoir dès le début une tension relativement élevée.

D'autre part, si l'on veut faire produire directement le courant à haute tension par les alternateurs, afin d'éviter les transformateurs-élévateurs à l'usine génératrice, il est prudent de ne pas dépasser 12000 à 15000 volts au maximum.

Enfin, surtout pour les moyennes tensions, il convient autant que possible d'adopter un voltage qui soit employé d'une façon courante comme par exemple : 2000, 5000, 8000, 10000, 13500, 15000, 20000, 26000, 30000, 35000, 40000 et 50000 volts.

Les tensions de 500 et 1000 volts ne sont pas à conseiller car elles conduisent presque toujours, si l'installation se développe, à des sections de conducteurs trop considérables. Elles n'ont d'ailleurs, au point de vue danger et facilité d'isolement, pas beaucoup plus d'avantage que la tension de 2000 volts qui convient très bien en général pour les installations de moyenne importance et peut être employée directement même pour des moteurs de puissance assez faible (à partir de 15 à 20 chevaux).

Jusqu'à 10000 et même 15000 volts au maximum, les postes de transformateurs peuvent être établis assez simplement et revenir à un prix suffisamment réduit pour que l'on puisse les multiplier autant que peut le réclamer l'alimentation d'agglomérations de moyenne et même de faible importance.

Au-dessus de 15000 volts, les stations de transformation prennent une importance telle que l'on est obligé de réduire leur nombre au minimum. Il faut alors recourir à des réseaux intermédiaires à moyenne tension pour pouvoir étendre suffisamment la distribution le long du parcours de la ligne à très haute tension. Les frais d'installation qui en résultent sont évidemment considérables, et il importe d'examiner avec soin si les avantages que donne une tension aussi élevée justifient de pareilles dépenses.

DEUXIÈME PARTIE

CALCULS MÉCANIQUES

CHAPITRE V

Détermination des tensions supportées par les conducteurs d'une ligne aérienne et des conditions de pose de ceux-ci

Utilisées dans les grands transports d'énergie actuels, les lignes aériennes doivent être calculées avec beaucoup de soin, afin de permettre aux conducteurs et à leurs supports de résister victorieusement aux efforts les plus grands que l'on suppose pouvoir s'exercer sur eux.

Un conducteur, qui se rompt trop contracté par le froid ou trop surchargé par la neige, un pylône que renverse un vent violent ou une tension exagérée des fils peuvent, en effet, non seulement déterminer des arrêts des plus préjudiciables, mais encore, avec les voltages très élevés que l'on emploie aujourd'hui, causer de graves accidents en tombant sur la voie publique et nécessiter en outre des réparations fort coûteuses.

Nous ne donnerons ici que les éléments nécessaires pour calculer les tensions supportées par les conducteurs et déterminer les conditions de pose de ceux-ci. Nous réserverons à un autre ouvrage (¹), l'étude et le calcul des supports proprement dits.

(¹) *Lignes aériennes.* **Fascicule** nº 97 de l'*Encyclopédie électrotechnique*, Geisler, éditeur, Paris.

Calcul de l'effort ou tension s'exerçant sur un conducteur d'une ligne aérienne. — Considérons un fil tendu entre deux points fixes A et B placés au même niveau. Si la charge est uniformément répartie le long du fil (action de la pesanteur, pression du vent) la ligne d'équilibre adoptée par ce fil correspond à la réalisation des conditions mathématiques définissant la courbe bien connue appelée chaînette.

On appelle :

Portée, la distance AB ;

Flèche, la longueur CD, c'est-à-dire l'écartement maximum qui existe entre le fil et la droite AB.

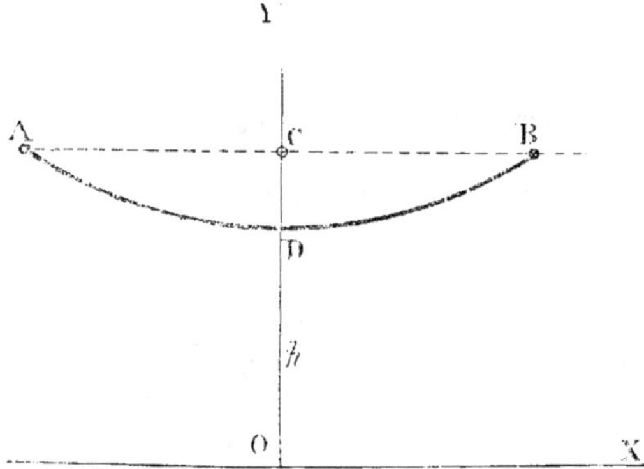

Fig. 5. — Conducteur tendu entre deux points fixes A et B.

L'effort, ou *tension*, qui agit sur le fil, dépend de sa charge, de sa portée et de sa flèche.

Soient :

T, la tension du fil au point D ;

p, la charge du conducteur par unité de longueur, résultant du poids du fil, de l'action du vent ou de la neige.

Rapportons la courbe du fil à deux axes de coordonnées rectangulaires OY, perpendiculaire sur le milieu de AB et OX situé à une distance h de D (OD $= h$) telle que l'on ait $h = \dfrac{T}{p}$.

L'équation de la chaînette est dans ce cas la suivante :

$$y = \frac{h}{2}\left[e^{\frac{x}{h}} + e^{-\frac{x}{h}}\right].$$

Développant cette expression par la série de Maclaurin, on obtient :

$$y = h\left[1 + \frac{x^2}{2h^2} + \frac{x^4}{4!\,h^4} + \dots\right].$$

Comme en général h est très grand, parce que la tension T est toujours considérable, par rapport à la charge p, on a sensiblement :

$$y = h + \frac{x^2}{2h}.$$

C'est l'équation d'une parabole.

Si nous appelons a la portée et f la flèche, nous aurons, en particulier aux points A et B :

$$f = y - h = \frac{a^2}{8h}$$

d'où finalement :

(1)
$$f = \frac{a^2 p}{8T}$$

où :

$f =$ flèche en mètres ;

$a =$ portée en mètres ;

$p =$ charge du conducteur en kilos par mètre courant ;

T $=$ tension en kilos au point D.

La formule (1) peut servir également à donner la portée a ou la tension T en fonction des autres quantités figurant dans cette expression.

Tension maximum du conducteur et tension sur les supports A et B. — C'est aux points A et B que la tension qui s'exerce sur le fil et en même temps sur les supports est maximum. Si T_A est la tension en A ou en B, on démontre aisément, d'après les propriétés de la chaînette, qu'elle a pour valeur :

(2)
$$T_A = T_D + pf$$

La flèche f (sauf pour les lignes en pente) et la charge p étant en général des quantités très faibles par rapport aux tensions, on peut écrire pratiquement :

$$T_A = T_B.$$

Ce qui revient à admettre que la tension est la même tout le long du conducteur.

Longueur du fil. — La longueur du fil l peut être calculée par la formule suivante :

$$(3) \qquad l = a + \frac{8 f^2}{3 a}.$$

La flèche étant ordinairement très petite par rapport à la portée, on peut admettre en pratique que la longueur du fil est égale à la portée.

Ainsi, pour une portée de 50 mètres et une flèche de 1 mètre, on trouve par la formule précédente que la longueur du fil est de 50m,05.

Remarque. — Si on appelle F la résultante pour tout le conducteur du poids de celui-ci et de l'action de surcharge provenant du vent ou de la neige, on a :

$$p = \frac{F}{l} = \frac{F}{a} \text{ sensiblement.}$$

La formule (1) devient donc en exprimant F en kilos :

$$(1\ bis) \qquad f = \frac{aF}{8T}.$$

Ligne en pente. — Dans le cas d'une ligne en pente, tout revient à supposer que le fil, au lieu d'être fixé en A, est maintenu par un support imaginaire placé en A′ au niveau de B.

La flèche f qui est la distance du point D à la droite A′B n'étant plus négligeable dans ce cas, la tension en B sera bien différente de celle qui existe en D ou en A. On la calculera facilement, ainsi que la longueur du fil, en employant convenablement les formules précédentes.

Suivant la tension du fil, le point le plus bas de la chaînette (point D)
pourra se trouver entre les deux supports A et B comme dans le cas de

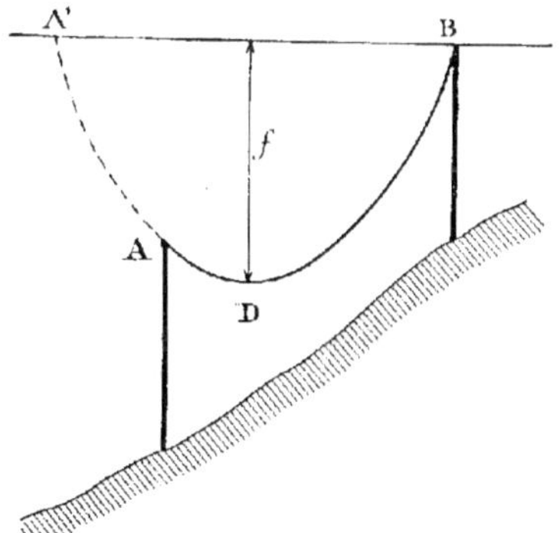

Fig. 6. — Ligne en pente.

la figure 6, ou bien sur la partie fictive de la courbe entre les points
A et A' comme le représente la figure 7.

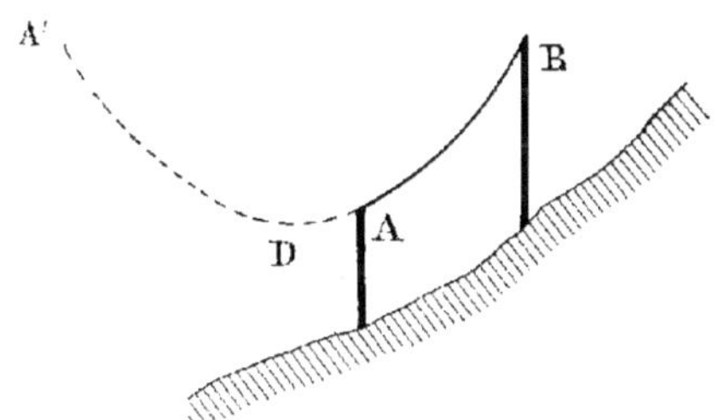

Fig. 7. — Ligne en pente.

**Détermination de la charge qui peut s'exercer sur les conducteurs
d'une ligne aérienne.** — La charge qui s'exerce sur les conducteurs
d'une ligne aérienne est la résultante du poids du fil, de l'action du vent,
de la neige ou du verglas.

La neige ne pouvant pas rester accumulée sur les conducteurs, lorsque
le vent souffle avec une certaine violence, il n'est pas en général nécessaire de tenir compte de ces deux actions à la fois. Dans les plaines

exposées aux grands vents, les lignes seront calculées pour résister aux ouragans ; dans les pays de montagnes, au fond des vallées encaissées où d'abondantes chutes de neige sont à craindre, on ne devra prévoir que la charge, d'ailleurs souvent considérable, due au poids de la neige qui recouvre les fils.

Le verglas au contraire peut se maintenir sur les conducteurs même avec un vent assez fort ; il a donc pour effet d'augmenter non seulement le poids des fils mais encore la prise que ceux-ci offrent au vent.

Action du vent. — Le vent agit sur les conducteurs en augmentant leur tension comme le ferait une charge uniformément répartie.

On admet que son action est toujours horizontale.

Si nous appelons :

F_v, la charge due au vent ;

P, le poids du fil ;

F, la charge totale du fil.

Nous aurons évidemment :

$$F = \sqrt{P^2 - F_v^2} \cdot$$

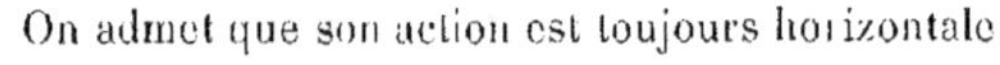
Fig. 8. — Action du vent sur un conducteur.

Valeurs admises pour la charge due au vent. — D'après *l'arrêté du 21 mars 1908* [1] déterminant les conditions techniques auxquelles doivent satisfaire les distributions d'énergie électrique, on devra admettre pour les conducteurs, fils, supports, ferrures, etc.

Pour la température moyenne de la région « un vent de 120 kilos de pression par mètre carré de surface plane, ou 72 kilogrammes par mètre carré de section longitudinale des pièces à section circulaire [2] ».

Pour la température minimum de la région « un vent de 30 kilos par

---

[1] On trouvera le texte de cet arrêté dans le *Précis de Législation de l'Électricité* de M. L. Laboureur (*Encyclopédie Electrotechnique*, fascicule n° 53), GEISLER, éditeur, à Paris.

[2] Sur une surface cylindrique la pression du vent n'est que les 0,57 (pratiquement les 0,6) de la pression qui existerait sur la surface plane égale à la section diamétrale.

mètre carré de surface plane, ou de 18 kilogrammes par mètre carré de section longitudinale des pièces de section circulaire ».

On devra faire, comme nous l'indiquerons dans la suite, les calculs pour ces deux températures, mais on ne tiendra compte que du cas le plus défavorable.

D'après le même arrêté, on devra adopter, en outre, un coefficient de sécurité au moins égal à 5 pour les lignes établies dans les agglomérations ou traversant les voies publiques, et au moins égal à 3 pour les autres lignes.

Action de la neige et du verglas. — L'arrêté du 21 mars 1908 ne parle pas de la neige ni du verglas. Cependant bien des lignes importantes établies pour résister au vent ont subi des dégâts considérables et de longues et coûteuses interruptions par suite de l'intervention néfaste de ces deux facteurs.

On compte en général dans les régions tempérées que la surcharge due à la neige correspond à une augmentation de la moitié du poids propre du conducteur.

Les surcharges admises pour le verglas sont très arbitraires. Néanmoins on admet souvent :

Un verglas doublant le poids du fil et triplant le diamètre avec la présence d'un vent de 10 kilogrammes par mètre carré de surface plane, vent suffisant, paraît-il, pour briser la glace.

Ou bien, un verglas augmentant le poids du fil de moitié et doublant son diamètre avec un vent de 30 kilogrammes par mètre carré de surface plane.

Pour une surface cylindrique la pression du vent sera multipliée par 0,6.

Dans certaines régions, l'action de la neige et du verglas peut être beaucoup plus considérable, et il importe alors de calculer les lignes très largement, surtout pour les conducteurs ayant un petit diamètre. Les surcharges à admettre étant très variables, suivant les contrées et les conditions locales, il est difficile de donner *a priori* des indications précises à ce sujet.

L'ingénieur chargé de faire le projet d'une ligne dans un pays où les neiges sont abondantes, devra se documenter avec soin sur ces particularités climatériques auprès des habitants du pays ou mieux auprès de ceux de ses collègues qui ont eu à établir des lignes d'énergie dans le voisinage ou dans des conditions semblables.

Détermination de la tension T que les conducteurs peuvent supporter. — Soient :

T = Tension en kilogrammes agissant sur le conducteur ;

t = Travail du métal ou tension en kilogrammes par mm² ;

τ = Tension de rupture en kilogrammes par mm² :

c = Section du conducteur en mm² ;

On doit avoir évidemment :

$$t = \frac{T}{S} = \frac{\tau}{c}.$$

La résistance mécanique ou tension de rupture du bronze de haute conductibilité, employé ordinairement pour les lignes aériennes, varie de 40 à 45 kilogrammes par mm², la résistance la plus forte correspondant aux petits diamètres à partir de 3 mm.

La tension de rupture de l'aluminium est de 20 à 22 kilos par mm².

Les coefficients de sécurité que l'on doit adopter sont ceux qui sont indiqués dans l'arrêté du 24 mars 1908, c'est-à-dire 5 pour les lignes passant dans les agglomérations ou traversant la voie publique et 3 pour les autres lignes.

Ainsi un fil de bronze de 3 mm. de diamètre (7 mm² de section) pourra supporter une tension de $\frac{45 \times 7}{3} = 105$ kilogrammes ou de $\frac{45 \times 7}{5} = 63$ kilos suivant que le coefficient de sécurité sera pris égal à 3 ou à 5.

Variation de la tension et de la flèche d'un conducteur en fonction de sa charge et de sa température. — Il est facile en employant la formule (1) de calculer la flèche que doit prendre un conducteur pour que, avec la charge maximum admise, la tension ne dépasse pas une valeur T fixée par la condition de sécurité. Mais au moment du montage de la ligne la surcharge due au vent ou à la neige n'existe pas, ou en tous les cas est bien inférieure à celle que l'on prévoit comme devant être la plus forte ; il convient donc, lors de la pose des conducteurs, de donner à ceux-ci une tension plus faible et par suite une plus grande flèche.

D'autre part il faut tenir compte également, lorsque la température vient à baisser, de l'augmentation de tension qui se produit par suite de la contraction du conducteur et de la diminution de sa flèche.

Pour avoir toute sécurité, on devra choisir, au moment du montage de la ligne, une valeur de la tension suffisamment faible pour que, avec la charge maximum et la température la plus basse, elle ne dépasse pas une valeur déterminée.

Il faut donc pouvoir calculer quelle sera la tension T_2 à donner à un conducteur ayant à supporter une charge p_2, la température étant t_2 (conditions de pose de la ligne) pour que si la charge de ce conducteur devient égale à p_1, pour la température t_1 (conditions correspondant à la tension maximum), sa tension ne dépasse pas une valeur T_1 fixée par la condition de sécurité.

La variation de tension du conducteur et son changement de température ont tous deux pour effet de modifier sa longueur.

Soient :

l_1 la longueur du conducteur avec la tension T_1 et la température t_1 ;

l_2 la longueur du conducteur avec la tension T_2 et la température t_2 ;

ε le coefficient d'allongement du métal, c'est-à-dire la variation de longueur de 1 mètre du conducteur, lorsque la tension varie de 1 kilogramme par mm² ([1]) ;

α le coefficient de dilatation.

On aura évidemment :

$$ l_2 - l_1 = l_1\, \varepsilon \left[\frac{T_2 - T_1}{S} \right] + l_1\, \alpha\, (t_2 - t_1). $$

([1]) On sait que E représentant le coefficient d'élasticité du métal, il existe entre ε et E la relation $\varepsilon = \dfrac{1}{E}$.

Dautre part nous pouvons écrire d'après les formules (3 et 4 :

$$l_1 = a + \frac{a^3}{24}\frac{p^2_1}{T^2_1}$$

$$l_2 = a + \frac{a^3}{24}\frac{p_2^2}{T^2_2}.$$

Nous aurons donc, en remplaçant dans le premier membre de l'équation précédente l_1 et l_2 par leurs valeurs et en remarquant que, dans le second membre, on peut admettre pratiquement que la longueur l_1 est égale à la portée a :

$$(4) \qquad \frac{a^2 p_2^2}{24\,T_2^2} - \frac{a^2 p_1^2}{24\,T_1^2} = \varepsilon\left(\frac{T_2 - T_1}{S}\right) + \alpha\,(t_2 - t_1)$$

expression que l'on peut mettre sous la forme suivante, plus commode à employer lorsque l'on veut calculer T_2 :

$$(4\ bis) \qquad T_2^2\left[T_2 + \frac{Sa^2}{24\,\varepsilon} \times \frac{p_1^2}{T_1^2} + \frac{S\alpha}{\varepsilon}\,(t_2 - t_1) - T_1\right] = \frac{Sa^2}{24\,\varepsilon}\,p_2^2.$$

Équation du troisième degré que l'on peut résoudre par approximations successives pour calculer T_2. Comme les calculs sont assez longs, on emploie avec avantage, en pratique, des tables ou des abaques dressés pour les cas usuels au moyen de cette équation.

On peut utiliser le tableau suivant dans le cas de lignes ordinaires en adoptant même au besoin des flèches un peu plus petites que celles indiquées, mais, si l'on doit redouter les effets d'une température très basse, de vents violents ou de chutes de neige abondantes, il convient alors de calculer exactement la flèche à donner aux conducteurs, en admettant pour ceux-ci une charge convenable, comme nous l'avons indiqué précédemment.

Flèches à donner aux conducteurs de cuivre, suivant la température existant au moment de la pose, pour que, à la température de — 30° la tension maximum des fils soit de 10 kilogrammes par mm², sans qu'il soit tenu compte de l'action du vent ni de la neige, ni du verglas.

Température	a (Portée $= 30$ m.) f (flèche) cm.	$a = 40$ m. f cm.	$a = 50$ m. f cm.	$a = 60$ m. f cm.
$-\ 30°$	10	18,0	28,0	40,0
$-\ 25°$	19,9	28,7	40,0	52,7
$-\ 20°$	25,6	36,8	49,0	62,5
$-\ 15°$	33,0	43,1	56,6	71,3
$-\ 10°$	37,2	48,7	63,5	78,8
$-\ 5°$	40,8	53,8	69,3	86,1
$0°$	44,4	58,3	75,0	92,5
$+\ 5°$	47,6	62,6	80,3	98,5
$+\ 10°$	50,3	66,6	85,1	104,2
$+\ 15°$	53,3	70,3	89,8	109,6
$+\ 20°$	55,9	73,8	94,0	114,8
$+\ 25°$	58,6	77,3	98,4	120,0
$30°$	61,0	80,7	102,3	124,4
$35°$	63,2	83,7	106,3	129,0
$+\ 40°$	65,4	86,7	109,8	133,5

Valeurs des coefficients de dilatation α, d'élasticité E et d'allongement ε.

	Cuivre ou Bronze	Aluminium	Fils d'Acier
α	17×10^{-6}	23×10^{-6}	13×10^{-6}
E	12 000	6 750	28 000
$\varepsilon = \dfrac{1}{E}$	78×10^{-6}	148×10^{-6}	34×10^{-6}

Les coefficients d'élasticité sont exprimés en kilogrammes par mm².

Dans les formules 4 et 4 *bis*, en employant les coefficients ci-dessus, on exprimera les tensions T_1 et T_2 en kilogrammes, les charges p_1 et p_2 en kilogrammes par mètre de conducteur, les longueurs l_1 et l_2 en mètres et la section S en mm².

Influence importante de la température surtout dans le cas des petites portées. — On voit, en effet, facilement, en se reportant à l'expression 4 *bis*, que, suivant que la portée a sera grande ou petite, le terme $\dfrac{S\alpha}{\varepsilon}(\ell_2 - \ell_1)$, qui représente l'influence de la température, sera négligeable ou très important par rapport au suivant :

$$\frac{Sa^2}{24\varepsilon} \times \frac{p_1^2}{T_1^2}.$$

Ainsi, on a d'après le tableau précédent :

Pour une portée de 30 mètres

à — 30° une flèche de 61 cm.

à — 30° une flèche de 10 cm.

La tension devient donc 6 fois plus grande, en passant de la température maxima à la température minima :

Pour une portée de 60 mètres

à — 30° une flèche de 120 cm.

à — 30° une flèche de 40 cm.

La tension a triplé seulement.

Ce sera donc particulièrement pour les petites portées, qu'il faudra veiller à donner aux conducteurs une flèche suffisante afin que la tension de ceux-ci ne devienne pas exagérée au moment des grands froids.

Application. — Comme application des formules précédentes, nous prendrons le cas de la traversée du Rhône entre Andance et Andancette par la ligne que la Société Grenobloise de Force et Lumière a installé pour desservir la région d'Annonay, au moyen des usines qu'elle possède dans les environs de Grenoble.

Cette ligne, alimentée avec du courant triphasé à 26 000 volts, est composée de 3 fils de 7 mm. de diamètre.

Pour effectuer la traversée du Rhône, on a employé 3 câbles de bronze de même section, soit 38 mm², 5 et correspondant à un diamètre de 8 mm.

La portée est de 240 mètres.

Nous nous proposons de chercher quelles sont la flèche et la tension à donner aux conducteurs, au moment de la pose, avec une température de + 15°, pour que le coefficient de sécurité soit au moins égal à 5, en supposant, d'après l'arrêté du 21 mars 1908 :

1° Pour la température moyenne de la région (que nous admettrons, pour simplifier, être également celle de pose, soit + 15°) un vent de 120 kilogrammes de pression par mètre carré de surface plane.

2° Pour la température minimum de la région, que l'on peut prendre ici égale à — 20°, un vent de 30 kilogrammes par mètre carré de surface plane.

Nous allons tout d'abord calculer la tension maximum que peuvent supporter les conducteurs avec le coefficient de sécurité fixé, et nous déterminerons ensuite la tension de pose à donner à ceux-ci, en envisageant successivement les deux hypothèses précédentes.

Tension maximum que peuvent supporter les conducteurs. — En admettant une charge de rupture du bronze de 45 kilogrammes par mm² et en prenant un coefficient de sécurité égal à 5, nous aurons donc pour la tension T_1 correspondant à la charge maximum :

$$T_1 = \frac{38,5 \times 45}{5} = 346 \text{ kg}, 5.$$

Tension de pose avec la première hypothèse. — (La charge maximum étant produite par un vent de 120 kilogrammes à la température de pose).

Appliquons la formule (4 *bis*) mais en faisant $t_2 = t_1$, puisque la température de pose est supposée être la même que celle qui existe au moment où souffle le vent de 120 kilogrammes. On a :

$$T_2^2 \left[T_2 + \frac{Sa^2}{24\varepsilon} \times \frac{p_1^2}{T_1^2} - T_1 \right] = \frac{Sa^2}{24\varepsilon} p_2^2$$

T_2 et p_2 représentent la tension et la charge du conducteur au moment de la pose et T_1 et p_1 les mêmes quantités avec le vent de 120 kilogrammes.

Calcul de p_2.

La charge du câble au moment de la pose étant due seulement à son poids, nous aurons :

$$p_2 = \text{poids du câble par mètre}$$
$$= 0 \text{ kg}, 3425.$$

Calcul de p_1^2.

Le vent de 120 kilogrammes produit sur le câble par mètre courant une charge égale à :

$$0{,}6 \times 120 \times \frac{8}{} = 0 \text{ kg, } 576 \text{ par mètre}$$

d'où

$$p_1^2 = 0{,}3425^2 - 0.576^2 = 0{,}45.$$

Calcul du coefficient $\dfrac{Sa^2}{24\,\varepsilon}$.

$$S = \text{section en mm}^2 = 38{,}5$$
$$a = \text{portée en mètres} = 240$$
$$\varepsilon = \text{coefficient d'allongement} = 78 \times 10^{-6}$$

on aura donc

$$\frac{Sa^2}{24\,\varepsilon} = \frac{38.5 \times 240^2}{24 \times 78 \times 10^{-6}} = 1185 \times 10^6.$$

La formule (*4 bis*) devient donc

$$T_2^2 \left[T_2 + 1185 \times 10^6 \times \frac{0{,}45}{346{,}5^2} - 346{,}5 \right] = 1185 \times 10^6 \times 0{,}3425^2$$

et en effectuant les calculs

$$T_2^2 \, T_2 + 4095 = 139 \times 10^6.$$

On trouve finalement par approximations successives

$$T_2 = 180 \text{ kilogrammes.}$$

Calcul de la flèche à donner aux conducteurs au moment de la pose.

$$f_2 = \frac{a^2 p_2}{8 T_2} = \frac{240^2 \times 0{,}3425}{8 \times 180} = 13 \text{ m, } 7.$$

Tension de pose avec la seconde hypothèse. — (La charge maximum étant produite par un vent de 30 kilogrammes à la température de — 20°).

Nous employons toujours la formule (*4 bis*) en conservant à p_2, T_1 et au coefficient $\left(\dfrac{Sa^2}{24\,\varepsilon} \right)$ les mêmes valeurs que dans le cas de la première hypothèse.

Calcul de p_1.

Charge due au vent

$$= 0{,}6 \times 30 \times \frac{8}{1000} = 0 \text{ kg, } 144.$$

d'où

$$p_1^2 = 0{,}3425^2 + 0{,}144^2 = 0{,}1380.$$

Nous aurons donc :

$$T_2^2 \left[T_2 + 1185 \times 10^6 \times \frac{0{,}138}{346{,}5^2} + \frac{38{,}5 \times 17 \times 10^{-6}}{78 \times 10^{-6}} (15 + 20) - 346{,}5 \right]$$

$$= 1185 \times 10^6 \times 0{,}3425^2$$

ou bien

$$T_2^2 [T_2 + 1306] = 139 \times 10^6.$$

On trouve finalement :

$$T_2 = 295 \text{ kilogrammes.}$$

Ainsi, pour que la tension du conducteur dans le cas le plus défavorable ne dépasse pas 346 kg, 5, il faut qu'au moment de la pose, la tension soit de 180 kilogrammes avec la première hypothèse et de 295 kilogrammes avec la seconde.

On adoptera donc, comme tension de pose, 180 kilogrammes et par suite une flèche de 13 m, 70.

Remarques. — *a)* La traversée du Rhône entre Andance et Andancette ayant été effectuée avant l'arrêté du 21 mars 1908, les calculs ont été faits en supposant, à la température de — 20°, l'existence d'un vent de 150 kilogrammes par mètre carré de surface plane et en adoptant un coefficient de sécurité égal à 4. Ils donnent dans ce cas, pour la température de — 15° et sans vent, sensiblement la même flèche que celle que nous avons obtenue précédemment.

b) On remarquera combien est faible, dans le cas d'une grande portée, l'influence de la température sur la tension des conducteurs. Dans l'exemple précédent, avec une portée de 240 mètres, lorsque la température passe de — 15° à — 20° la tension varie seulement de 295 kilogrammes à 346 kg, 5 avec en plus à — 20° seulement un vent de 30 kilogrammes par mètre carré de surface plane. Si l'on suppose que les conducteurs doivent supporter la même charge à + 15° et à — 20° et que l'on ne tienne compte par suite que de l'influence de la température, on trouve que la tension à + 15°, devra être de 315 kilogrammes pour quelle soit de 346 kg, 5 à — 20°.

Le vent a dans ce cas une influence beaucoup plus forte puisque, la température restant constante, la tension des conducteurs qui est de 180 kilogrammes, lorsqu'il n'y a pas de vent, monte à 346 kg, 5 avec un vent de 120 kilogrammes par mètre carré de surface plane.

APPENDICE

Calcul de la chute de tension
dans une ligne à courant alternatif
en tenant compte des phénomènes
de self-induction et d'induction mutuelle

La chute de tension dans une ligne parcourue par du courant alternatif peut être, ainsi qu'on l'a vu, produite par trois causes :

La résistance ohmique des conducteurs ;

La self-induction de la ligne ;

L'induction des lignes voisines.

La *résistance* détermine une chute de tension ohmique qui pourra évidemment être représentée par un vecteur en phase avec l'intensité I_{eff} du courant circulant dans le conducteur et ayant une longueur proportionnelle à RI_{eff}.

Le coefficient de self-induction dans le cas d'une ligne monophasée peut trouver sa définition dans celle plus générale de la self-induction d'un circuit quelconque.

On définira donc la self-induction d'une ligne le rapport du flux existant entre les deux conducteurs de la ligne au courant, qui produit ce flux, en circulant dans les conducteurs.

$$L = \frac{\Phi}{I}.$$

Il est donc possible de calculer et de mesurer le coefficient de self L de la ligne. Ce coefficient étant connu, l'on aura un vecteur $L\Omega I_{eff}$ décalé $\frac{\pi}{2}$ en arrière de I_{eff} et les tensions U_{eff} et U'_{eff} seront liées ensemble par la condition représentée par le diagramme de la figure 9.

Dans le cas d'une *ligne triphasée* et d'une façon générale d'une ligne à courant polyphasé, on se trouve assez embarrassé pour définir le coefficient de self-induction de la ligne. Pour calculer la chute de tension il faut alors procéder autrement. M. Blondel a le premier indiqué la

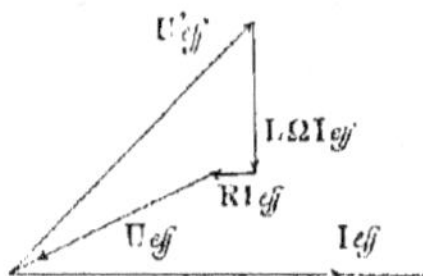

Fig. 9. — Diagramme donnant la chute de tension dans le cas d'une ligne monophasée

méthode générale que l'on va exposer et qui permet de calculer facilement la chute de tension d'une ligne à courant alternatif en tenant compte de tous les effets d'induction (voir l'*Eclairage Electrique* de 1894).

Self-induction d'un circuit. — Considérons un circuit quelconque branché entre les bornes A et B. Si ce circuit est parcouru par un

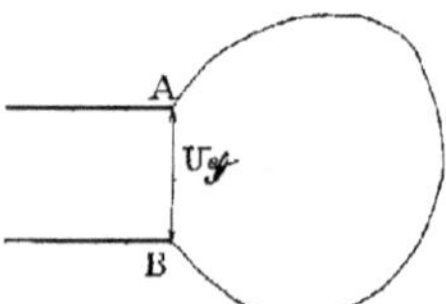

Fig. 10. — Self induction d'un circuit.

courant alternatif d'intensité instantanée i, une f. e. m. de self-induction y prendra naissance, f. e. m. ayant pour valeur instantanée

$$e = L \frac{di}{dt}.$$

Si l'on peut déterminer le rapport $\dfrac{e}{\frac{di}{dt}}$, on connaîtra le coefficient de self L du circuit et l'on pourra, connaissant la résistance R de celui-ci, déterminer facilement la tension U_{eff} aux bornes AB pour le courant I_{eff} en construisant le diagramme de la figure 11.

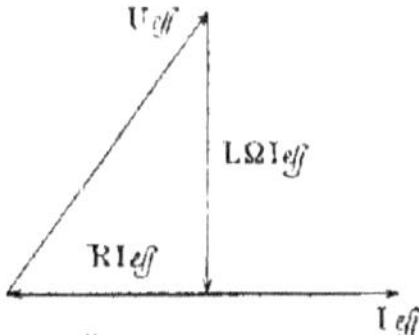

Fig. 11. — Diagramme donnant la tension aux bornes d'un circuit ayant une résistance R et un coefficient de self-induction L.

Induction mutuelle de deux circuits. — Considérons maintenant un second circuit parcouru par un courant alternatif d'intensité instantanée i_1 et de même fréquence que le courant i.

Ce second circuit produira dans le premier une f. é. m. instantanée :

$$e_1 = M_1 \frac{di_1}{dt},$$

M_1 étant le coefficient d'induction mutuelle des deux circuits.

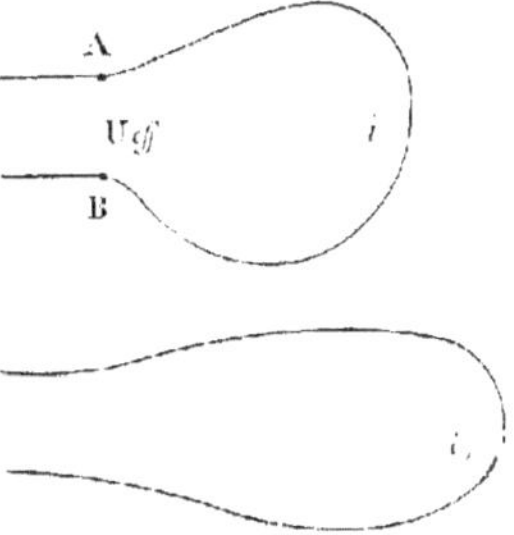

Fig. 12. — Induction mutuelle de 2 circuits.

On pourra de même déterminer M_1 connaissant $\dfrac{e_1}{\dfrac{di_1}{dt}}$.

La différence de potentiel instantanée entre les bornes AB sera évidemment :

$$u = Ri + L\frac{di}{dt} + M_1\frac{di_1}{dt}$$

et la valeur efficace de cette différence de potentiel sera facilement obtenue par le diagramme de la figure 13 dans lequel on a tracé $M_1 \Omega I_{1eff}$ décalé de $\frac{\pi}{2}$ en arrière de I_{1eff} que l'on suppose faire un angle ψ avec I_{eff}.

Si le courant I_{1eff} avait une fréquence Ω_1 différente de celle du courant

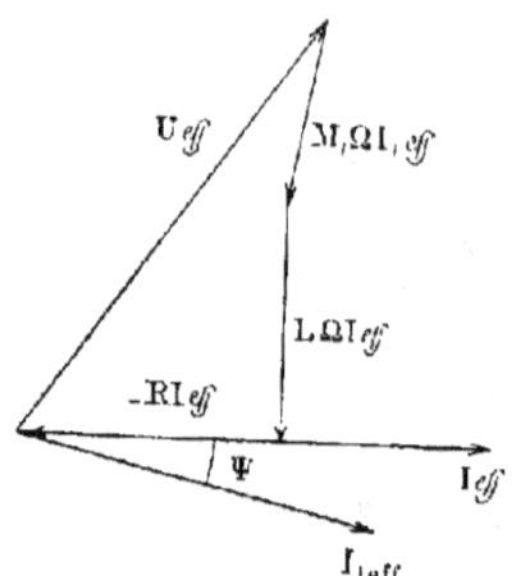

Fig. 13. — Diagramme donnant la tension aux bornes d'un circuit parcouru par un courant I_{eff} en tenant compte de sa résistance, de sa self-induction et de l'induction d'un circuit où circule un courant I_{1eff}, de même fréquence.

I_{eff}, le vecteur $M_1 \Omega I_{1eff}$ ne serait plus fixe, mais tournerait autour du point 0 avec une vitesse angulaire $\Omega - \Omega_1$ dans un sens ou dans l'autre suivant que Ω_1 serait plus grand ou plus petit que Ω.

La tension U_{eff} ne serait plus constante puisque l'extrémité du vecteur

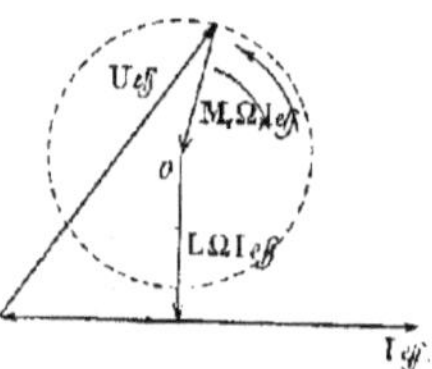

Fig. 14.— Diagramme donnant la tension aux bornes d'un circuit, comme dans le cas de figure 13, mais avec la f. é. m. d'induction $M_1 \Omega_1 I_{1eff}$ produite par un courant I_{1eff} de fréquence différente de celle de I_{eff}

U_{eff} devrait se déplacer sur un cercle de rayon égal à $M_1 \Omega_1 I_{1eff}$ et ayant son centre en 0. Cette tension subirait donc des variations dont la fréquence serait égale à $\Omega - \Omega_1$.

On peut facilement généraliser et tracer le diagramme dans le cas de plusieurs circuits inducteurs.

Self-induction et induction mutuelle dans le cas de plusieurs circuits parcourus par des courants polyphasés. — Considérons maintenant une ligne polyphasée quelconque, une ligne hexaphasée par exemple, et supposons les appareils générateurs et récepteurs montés en étoile.

Dans chaque conducteur de ligne des f. é. m. $e_1 e_2 \ldots e_6$ seront in-

Fig. 15. — Ligne polyphasée.

duites par suite des variations des courants $i_1 i_2 \ldots i_6$ et ces f. é. m. seront respectivement proportionnelles à :

$$\frac{di_1}{dt}, \frac{di_2}{dt} \ldots \frac{di_6}{dt}.$$

Soient pour le premier conducteur L_1, M_2, $M_3 \ldots M_6$ les coefficients de proportionnalité de ces f. é. m. ; si u' et u sont les tensions étoilées instantanées au départ et à l'arrivée, les deux points neutres o et o' étant supposés être au même potentiel, on aura :

$$u' = u + L_1 \frac{di_1}{dt} + M_2 \frac{di_2}{dt} + \ldots M_6 \frac{di_6}{dt}.$$

Si l'on peut déterminer les rapports

$$\frac{e_1}{\frac{di_1}{dt}} = L_1 \qquad \frac{e_2}{\frac{di_2}{dt}} = M_2 \ldots \frac{e_6}{\frac{di_6}{dt}} = M_6,$$

on pourra alors facilement construire le diagramme donnant une rolation entre les valeurs efficaces U'_{eff} et U_{eff} des tensions étoilées au départ et à l'arrivée. Il suffira, en effet, de tracer de l'extrémité du vecteur U'_{eff} par exemple, si c'est cette tension qui est connue, des vecteurs égaux à $M_6 \Omega I_{6eff}$ ..... $M_2 \Omega I_{2eff}$ $L_1 \Omega_1 I_{eff}$, respectivement perpendiculaires à I_6, I_5 ..... I_1 et d'ajouter à ces vecteurs RI_{1eff} en phase avec I_{1eff} pour avoir U_{eff}, tension à l'arrivée.

Comme on le voit, le coefficient L_1 joue le rôle d'un coefficient de self et représente en quelque sorte le coefficient de self du conducteur 1 et les coefficients $M_2 M_3$ ..... M_6 sont semblables à des coefficients d'induction mutuelle.

Remarques. — 1° Dans le cas où les appareils générateurs et récepteurs seraient disposés avec le montage polygonal, le même raisonnement serait applicable mais il faudrait toujours considérer les tensions étoilées.

2° Pour une ligne monophasée la tension correspondant à la tension étoilée, ou tension simple, est évidemment égale à la moitié de celle qui existe entre les 2 conducteurs.

Pour déterminer les rapports $\dfrac{e_1}{\frac{di_1}{dt}}$, $\dfrac{e_2}{\frac{di_2}{dt}}$, etc, il faut étudier de quelle manière les lignes de force dues aux courants $i_1 i_2$ ..... sont réparties autour des conducteurs et comment, lorsque ces courants varient, les lignes de force, en coupant les conducteurs, produisent les f. é. m. $e_1 e_2$ ..... e_6.

Champ magnétique produit autour d'un conducteur par le courant

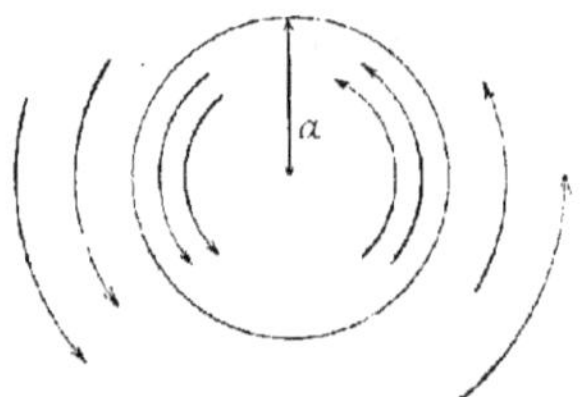

Fig 16. — Champ magnétique produit autour d'un conducteur par un courant circulant dans celui-ci.

circulant dans celui-ci. — Considérons (fig. 16) un conducteur cylindrique de rayon a.

Lorsqu'un courant circulera dans ce conducteur, des lignes de force prendront naissance à l'intérieur et à l'extérieur de celui-ci. Les lignes de force disposées suivant des cercles concentriques produiront un flux qui tournera dans le sens des flèches si le courant va de l'arrière à l'avant du plan de la figure (règle du tire-bouchon).

A l'extérieur du conducteur la valeur du champ magnétique pourra

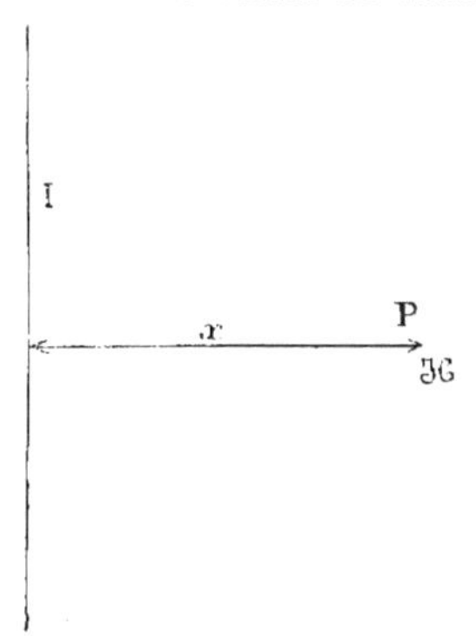

Fig. 17. — Champ magnétique produit en un point P par un courant I circulant dans un conducteur.

être déterminée en chaque point par la loi expérimentale de Biot et de Savart, d'après laquelle un courant I, circulant dans un conducteur rectiligne, supposé indéfini, produit, en un point P_1 situé à une distance x de l'axe du conducteur, un champ

$$\mathcal{H} = \frac{2I}{x}.$$

A l'intérieur du conducteur, la valeur du champ sera donnée par la même loi, mais à la condition de ne prendre, pour l'intensité du courant produisant le champ au point P', que la partie du courant i qui circule dans le conducteur à l'intérieur de la circonférence de rayon x'.

On démontre, en effet, que dans un conducteur cylindrique le champ, dû à la partie du courant circulant en dehors d'une circonférence de rayon x', est nul pour tous les points situés à l'intérieur de cette circonférence.

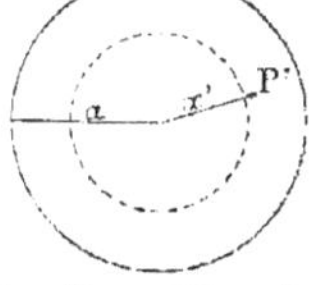

Fig. 18 — Détermination du champ magnétique produit à l'intérieur d'un conducteur.

On a donc pour le champ au point P' :

$$\mathcal{H}' = \frac{2i}{x'}.$$

Si l'on *suppose le courant uniformément réparti à l'intérieur du conducteur*, on a pour la partie du courant située à l'intérieur de la circonférence de rayon x' :

$$i = \frac{I \times \pi x'^2}{\pi a^2}$$

d'où :

$$\mathcal{H}' = \frac{2Ix'}{a^2}.$$

Représentation graphique de l'intensité du champ autour du conducteur (fig. 19). — A l'intérieur du conducteur le champ sera repré-

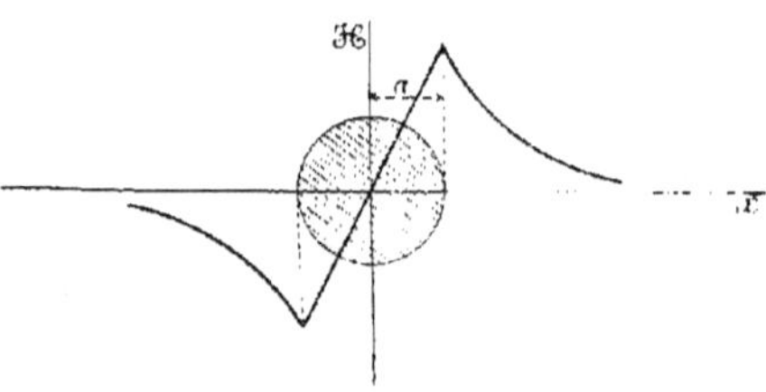

Fig. 19. — Courbe représentant la valeur du champ magnétique existant autour d'un conducteur et produit par le courant circulant dans celui-ci.

senté par une droite (car $\mathcal{H}'$ est proportionnel à x') et à l'extérieur par deux branches d'hyperbole $\left(\mathcal{H} \text{ étant proportionnel à } \dfrac{I}{x}\right).$

F. é. m. de Self-induction dans un conducteur. — On admet que lorsque l'intensité du courant augmente dans le conducteur, les lignes de force, qui doivent devenir plus nombreuses, semblent s'échapper de l'axe du conducteur pour se répartir autour de celui-ci jusqu'à l'infini et que inversement, au fur et à mesure que le courant diminue, les lignes de force paraissent se concentrer vers l'axe du conducteur où elles sont absorbées.

Il en résulte que, si l'on considère le conducteur comme formé d'un faisceau d'éléments filiformes, parallèles et de diamètre infiniment petit, chacun de ces conducteurs élémentaires sera coupé par les lignes de force s'échappant de l'axe du conducteur en se concentrant vers lui.

Supposons au point P, à une distance r de l'axe du conducteur, la trace d'un de ces éléments filiformes et considérons la portion de cet élément comprise entre deux plans parallèles entre eux, perpendiculaires au conducteur et séparés l'un de l'autre par l'unité de longueur.

Pour une variation infiniment petite di du courant pendant le temps dt,

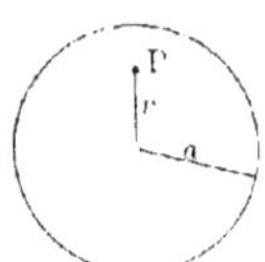

Fig. 20. — Détermination de la self-induction d'un conducteur en supposant celui-ci formé d'un faisceau d'éléments filiformes comme celui dont la trace est en P.

le flux existant en dehors du cylindre de rayon r et limité par les deux plans considérés, subira une variation $d\Phi$ et le nombre de lignes de force, qui aura coupé l'élément, étant égal à la variation du flux, la f. é. m. de self-induction dans cet élément, pour l'unité de longueur, sera :

$$e_v = \frac{d\Phi}{dt}$$

D'autre part, le flux Φ représente la somme de deux flux : le flux intérieur au conducteur, c'est-à-dire compris entre les cylindres de longueur 1 et de rayons r et a $(\Phi_i)_r^a$ et le flux extérieur au conducteur compris entre les cylindres de rayons a et infini $(\Phi_e)_a^\infty$.

On a évidemment :

$$(\Phi_i)_r^a = \int_r^a \mathcal{K}' dx' = \int_r^a \frac{2Ix'}{a^2} dx = I\left(1 - \frac{r^2}{a^2}\right)$$

$$(\Phi_e)_a^\infty = \int_a^\infty \mathcal{K} dx = \int_a^\infty \frac{2I}{x} dr = 2I \log \frac{\infty}{a} = \infty ,$$

Nous pouvons donc écrire puisque

$$\Phi = (\Phi_i)_l^r + (\Phi_e)_a^\infty$$

$$e = \left[1 - \frac{r^2}{a^2} + 2 \log \frac{\infty}{a}\right] \frac{dI}{dt}$$

d'où le coefficient de self-induction pour l'unité de longueur de l'élément considéré.

$$L = \frac{e}{\dfrac{dI}{dt}} = 1 - \frac{r^2}{a^2} + 2 \log \frac{\infty}{a}$$

quantité infinie car

$$\text{Log} \frac{\infty}{a} = \infty .$$

Le cas que l'on vient d'envisager d'un conducteur rectiligne, indéfini, seul dans l'espace, est purement théorique car on admet qu'il ne peut pas exister de courant sans un circuit fermé. Il faut donc tenir compte de la présence d'un autre conducteur parcouru à chaque instant par un courant de sens inverse représentant le courant de retour.

Dans le cas des courants polyphasés, on sait qu'à chaque instant la somme algébrique des courants circulant dans les divers conducteurs est nulle, de sorte que, si, à un instant déterminé, dans une partie des conducteurs, les courants vont dans un certain sens, dans les autres conducteurs ils sont dirigés en sens inverse et la somme des courants dans chaque sens est la même.

On doit donc tenir compte de l'induction des courants de retour sur les conducteurs d'aller, ou plutôt de l'induction dans chaque conducteur produite par tous les courants.

Calcul de la f. é. m. d'induction produite dans chaque conducteur d'une ligne par la variation des courants circulant dans la ligne. — Détermination des coefficients de self-induction et d'induction mutuelle. — *Ligne monophasée*. — Soient (fig. 21) deux conducteurs de rayons a_1 et a_2 et écartés l'un de l'autre de la longueur D mesurée d'axe en axe. Les courants dans ces deux conducteurs sont, à chaque instant, égaux et de sens contraire.

Si, comme dans le cas d'un conducteur unique, l'on considère au point P un élément filiforme placé à des distances r et l des axes des conducteurs, on aura pour la f. é. m. e induite dans cet élément par suite de la variation du courant :

$$e = \frac{d\Phi}{dt}$$

avec

$$\Phi = (\Phi_i)_r^{a_1} + (\Phi_e)_{a_1}^{x} + (\Phi_e)_l^{\infty}$$

où $(\Phi_e)_l^{x}$ représente le flux dû au conducteur N° 2 existant entre le cy-

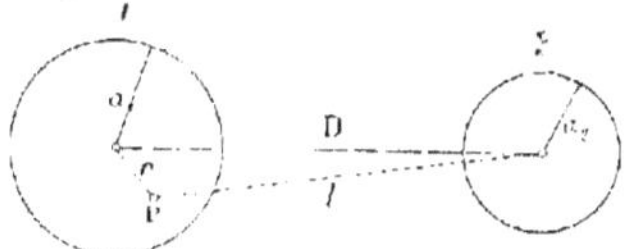

Fig. 21. — Détermination de la self-induction d'une ligne monophasée.

lindre de rayon l et l'infini. Ce sera évidemment la seule partie du flux total, produit par le conducteur n° 2, qui agira sur l'élément filiforme placé en P lorsqu'il y aura une variation de courant.

On aura, en considérant toujours les flux compris entre deux plans parallèles séparés par l'unité de longueur :

$$(\Phi_i)_r^{a_1} = I\left(1 - \frac{r^2}{a^2}\right)$$

$$(\Phi_e)_{a_1}^{\infty} = \int_{a_1}^{\infty} \frac{2I}{x}\, dx$$

$$(\Phi_e)_l^{\infty} = \int_l^{\infty} - \frac{2I}{x}\, dx.$$

Le signe — provient de ce que le courant va en sens inverse dans le conducteur N° 2.

D'où :

$$\Phi = \left[1 - \frac{r^2}{a_1^2} + 2\log_e\left(\frac{l}{a_1}\right)\right] I$$

et

$$e = \left[1 - \frac{r^2}{a_1^2} + 2\log_e\left(\frac{l}{a_1}\right)\right] \frac{dI}{dt},$$

Le terme entre parenthèses représente donc le coefficient de self-induction, pour l'unité de longueur, de l'élément du conducteur placé au point P.

On voit que ce coefficient, étant fonction de r, ne sera pas le même pour tous les éléments filiformes constituant le conducteur et qu'il sera plus grand au centre qu'à la périphérie.

Pour avoir la chute de tension dans le conducteur, on prendra le coefficient de self-induction moyen.

Le premier terme $\left(1 - \dfrac{r^2}{a_1^2} \right)$, représentant l'effet dû au flux intérieur au conducteur, aura pour valeur moyenne :

$$\frac{1}{\overline{\text{Section du conducteur}}} \int_o^{a_1} \left(1 - \frac{r^2}{a_1^2} \right) 2\pi r\, dr$$

$$= \frac{2\pi}{\pi a_1^2} \left[\frac{a_1^2}{2} - \frac{a_1^4}{4 a_1^2} \right] = \frac{1}{2}.$$

Le second terme $2 \log_e \dfrac{r}{a_1}$ dépendant du flux extérieur, aura évidemment pour valeur moyenne :

$$2 \log_e \frac{D}{a_1}.$$

Le coefficient de self-induction du conducteur 1 sera donc, en appelant l la longueur de la ligne :

$$L_1 = l \left[\frac{1}{2} + 2 \log_e \frac{D}{a_1} \right].$$

On aura de même pour le conducteur 2 :

$$L_2 = l \left[\frac{1}{2} + 2 \log_e \left(\frac{D}{a_2} \right) \right]$$

d'où le *coefficient de self d'une ligne monophasée* :

$$L_m = L_1 + L_2 = l \left[1 + 2 \log_e \left(\frac{D^2}{a_1 a_2} \right) \right]$$

exprimé en unités C. G. S. si :

l, D, a_1 et a_2 sont évaluées en centimètres.

Pour pouvoir exprimer L en henrys et l en kilomètres il faudra multiplier cette expression par 10^{-4}.

Cas où les 2 conducteurs de ligne ont le même rayon. — Si $a_1 = a_2 = a$ on a :

$$L_m = 2l \left[\frac{1}{2} + 2 \log_e \frac{D}{a} \right].$$

Ces formules, donnant la valeur du coefficient de self d'une ligne à deux conducteurs, ont été établies pour la première fois par Maxwell en calculant l'énergie intrinsèque de la ligne.

$$\left(W = \frac{1}{2} LI^2 \quad \text{d'où} \quad L = \frac{W}{\frac{1}{2} I^2} \right).$$

Elles ont été retrouvées ensuite par M. Blondel par la méthode que l'on vient d'indiquer et ont été vérifiées expérimentalement par M. Massin ingénieur des télégraphes.

Remarques. — a) On vient de voir que le coefficient de self n'était pas le même pour les différents éléments filiformes, formant le conducteur, et qu'il augmentait à mesure que l'on se rapprochait du centre.

C'est cette inégalité dans la self à l'intérieur du conducteur qui produit la répartition inégale du courant dans celui-ci, constituant l'effet Kelvin, dont on a parlé au début.

Pour calculer le coefficient de self de la ligne, on a supposé les courants uniformément répartis à l'intérieur des conducteurs, hypothèse admissible dans le cas de la pratique courante, mais, si l'on devait considérer des conducteurs de très grosse section ou des courants de grande fréquence, l'effet Kelvin n'étant plus négligeable, il faudrait calculer le coefficient de self de la ligne en supposant les courants inégalement répartis à l'intérieur des conducteurs.

b) Dans le cas où les conducteurs ont une certaine perméabilité μ (cas d'une ligne en fil de fer) le coefficient de self de la ligne devient :

$$L_m = 2l \left[\frac{\mu}{2} + 2 \log_e \frac{D}{a} \right].$$

Ligne triphasée. — Soient trois conducteurs parcourus par des courants triphasés et séparés entre eux par des distances inégales.

Supposons, pour plus de généralité, les trois phases déséquilibrées, c'est-à-dire :

$$I_{1eff} \gneqq I_{2eff} \gneqq I_{3eff}.$$

Si i_1, i_2, i_3 représentent les valeurs instantanées des courants on aura toujours :

$$i_1 + i_2 + i_3 = 0.$$

Calculons, dans le conducteur 1 par exemple, la f. é. m. induite par suite de la variation des courants dans la ligne.

Pour un élément de conducteur placé en P, à une distance r dans le

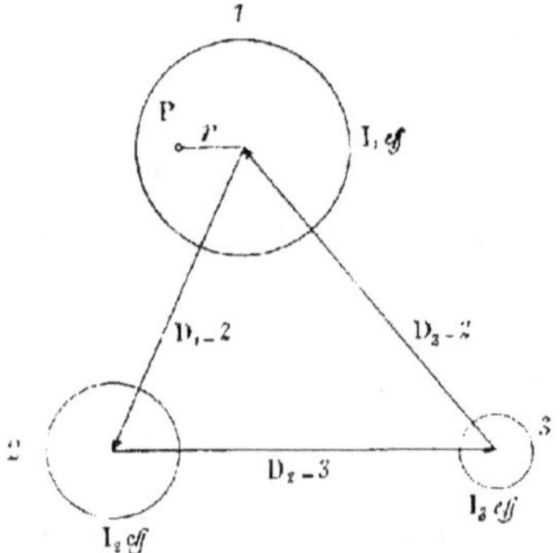

Fig. 22. — Ligne triphasée composée de 3 conducteurs de rayons inégaux disposés d'une façon quelconque.

conducteur, on aura pour la f. é. m. induite dans cet élément par unité de longueur : $e = \dfrac{d\Phi}{dt}$ avec (en supposant les distances du point P aux conducteurs 2 et 3 égales à d_{1-2} et d_{3-2})

$$\Phi = (\Phi'_c)^z_a + (\Phi'_c)\frac{\infty}{a} + (\Phi'_c)\frac{\infty}{D_{1-2}} + (\Phi'''_c)\frac{\infty}{D_{3-2}}$$

ou Φ', Φ', Φ'' représentent les flux produits respectivement par i_1, i_2 et i_3, d'où :

$$\Phi = \left(1 - \frac{r^2}{a^2}\right) i_1 + 2i_1 \log_e \infty - \log_e a_1 +$$
$$2i_2 \log_e \infty - \log_e D_{1-2} + 2i_3 \log_e \infty - \log_e D_{3-2}.$$

Si l'on remarque que $2 \log \infty$ est facteur de $(i_1 + i_2 + i_3)$, quantité nulle, et que ce produit correspond à une quantité physiquement nulle on a, si l'on prend la f. é. m. moyenne dans le conducteur :

$$e_1 - \left[\frac{1}{2} - 2 \log_e a_1\right] \frac{di_1}{dt} - 2 \log_e (D_{1-2}) \frac{di_2}{dt} -$$
$$- 2 \log_e (D_{3-2}) \frac{di_3}{dt}.$$

Le facteur de $\frac{di_1}{dt}$ joue le rôle d'un coefficient de self et ceux de $\frac{di_2}{dt}$ et $\frac{di_3}{dt}$ représentent des coefficients d'induction mutuelle.

On peut donc construire le diagramme de la figure 23 permettant de

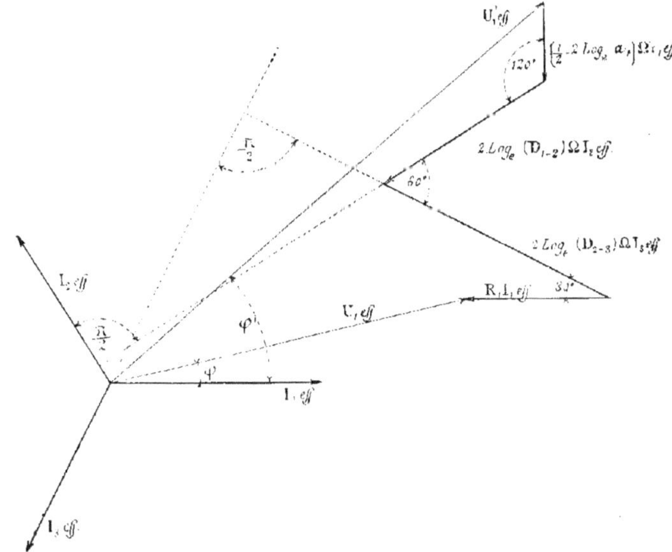

Fig. 23. — Diagramme donnant la chute de tension dans le cas d'une ligne triphasée dont les conducteurs sont disposés d'une façon quelconque et parcourus par des courants efficaces inégaux.

déterminer les tensions à l'arrivée en fonction de celles au départ ou inversement.

Pour construire ce diagramme, on a supposé connues les intensités I_{1eff}, I_{2eff}, I_{3eff} et les tensions au départ $U_1'_{eff}$, $U_2'_{eff}$, $U_3'_{eff}$ et on a tracé

le vecteur $\left[\dfrac{1}{2} - 2 \log_e a_1\right] \Omega\, I_{1eff}$ décalé de $\dfrac{\pi}{2}$ en arrière de I_{1eff}.

«　　　　$2 \log_e (D_{1-2})\, \Omega\, I_{2eff}$ décalé de $\dfrac{\pi}{2}$ en avant de I_{2eff}.

«　　　　$2 \log_e (D_{3-2})\, \Omega\, I_{3eff}$ décalé de $\dfrac{\pi}{2}$ en avant de I_{3eff}.

Ces deux derniers vecteurs sont décalés en avant de leur intensité parce que, dans l'expression de e_1, leurs valeurs instantanées sont négatives.

On trouverait de même U_{2eff} et U_{3eff}.

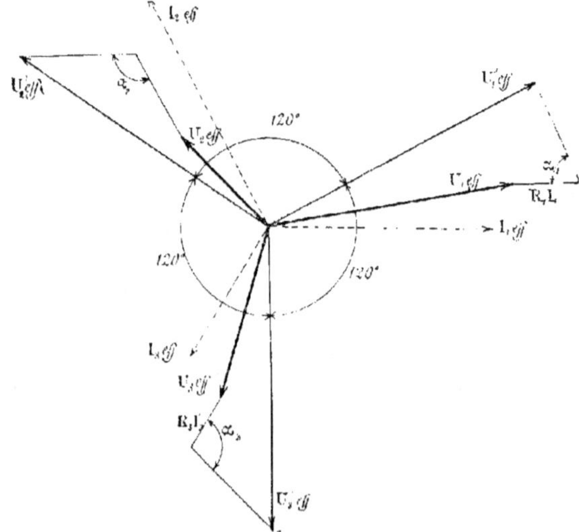

Fig. 24. Diagramme analogue à celui de la figure 23 mais dans lequel, pour chaque conducteur, les f. é. m. de self-induction et d'induction mutuelle ne sont représentées que par un seul vecteur.

Si l'on trace (fig. 24) le diagramme donnant les trois tensions U_{1eff}, U_{2eff}, U_{3eff} en supposant connues les tensions au départ $U_1'_{eff}$, $U_2'_{eff}$, $U_3'_{eff}$ et les intensités I_{1eff}, I_{2eff}, I_{3eff} avec :

$$U_1'_{eff} = U_2'_{eff} = U_3'_{eff} \text{ et un décalage entre eux de } 120°$$
$$I_{1eff} \neq I_{2eff} \neq I_{3eff} \text{ et un décalage entre eux de } 120°$$

et si l'on ne représente que les vecteurs résultant des vecteurs de self-induction et d'induction mutuelle.

On voit que

$a)$
$$U_{1eff} \neq U_{2eff} \neq U_{3eff}$$

$b)$ Le décalage entre U_{1eff}, U_{2eff}, U_{3eff} est différent de 120°.

$c)$ Les angles z_1, z_2, z_3 que font entre eux les vecteurs dus à la chute de tension ohmique et ceux qui représentent la résultante des effets d'induction sont différents de $\frac{\pi}{2}$.

On peut donc dire, en résumé, que, lorsque les phases sont inégalement chargées, ou lorsque les 3 conducteurs de ligne sont placés dans

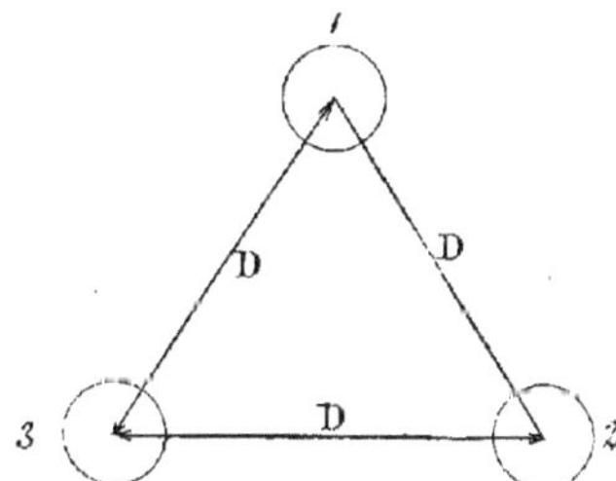

Fig. 25. — Ligne triphasée composée de trois conducteurs disposés aux trois sommets d'un triangle équilatéral.

des positions quelconques, si les tensions au départ sont égales et décalées entre elles de 120°, il n'en est plus de même des tensions à l'arrivée.

Cas particuliers. — *Phases également chargées.*

$$I_{1eff} = I_{2eff} = I_{3eff} = I_{eff}.$$

Conducteurs de même rayon.

$$a_1 = a_2 = a_3 = a.$$

a) Les conducteurs de la ligne triphasée sont placés aux trois sommets d'un triangle équilatéral.

On a .

$$D_{1-2} = D_{2-3} = D_{3-2} = D.$$

La f. é. m. induite sera évidemment la même dans les trois conducteurs et égale à :

$$e = \left[\frac{1}{2} - 2 \log_e a\right] \frac{di_1}{dt} - 2 \log_e D \frac{di_2}{dt} - 2 \log_e D \frac{di_3}{dt}$$

$$= \left[\frac{1}{2} - 2 \log_e a\right] \frac{di_1}{dt} - 2 \log_e D \frac{d(i_2 + i_3)}{dt}$$

et finalement comme $i_2 + i_3 = - i_1$

$$e = \left[\frac{1}{2} + 2 \log_e \frac{D}{a}\right] \frac{di_1}{dt}.$$

Ainsi, dans ce cas particulier, l'induction des 3 courants sur chacun

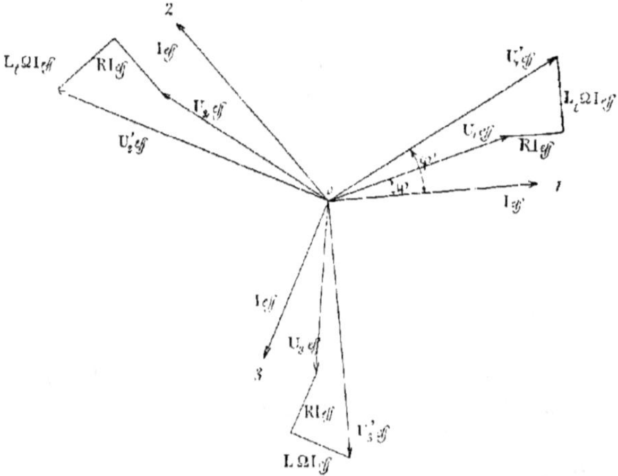

Fig. 26. — Diagramme donnant la chute de tension d'une ligne triphasée composée de 3 conducteurs disposés aux trois sommets d'un triangle équilatéral

des conducteurs de ligne produit le même effet que si ceux-ci possédaient seulement un coefficient de self-induction fictif égal à :

$$L_f = \left[\frac{1}{2} + 2 \log_e \frac{D}{a}\right].$$

On remarque que ce coefficient est égal à la moitié de celui d'une ligne monophasée.

La figure 26, qui donne le diagramme des tensions dans ce cas particulier, montre que, si les tensions au départ sont égales et décalées de 120°, celles à l'arrivée le sont également.

b) Les trois conducteurs sont placés dans un même plan.

Supposons le conducteur du milieu séparé des deux autres de la même distance D.

On a :

Pour le conducteur 1

$$c_1 = \left[\frac{1}{2} - 2\log_e a\right]\frac{di_1}{dt} - 2\log_e D \frac{di_2}{dt} - 2\log_e 2D \frac{di_3}{dt}$$

$$= \left[\frac{1}{2} - 2\log_e a\right]\frac{di_1}{dt} - 2\log_e D\left[\frac{d(i_2+i_3)}{dt}\right] - 2\log_e 2\left(\frac{di_3}{dt}\right)$$

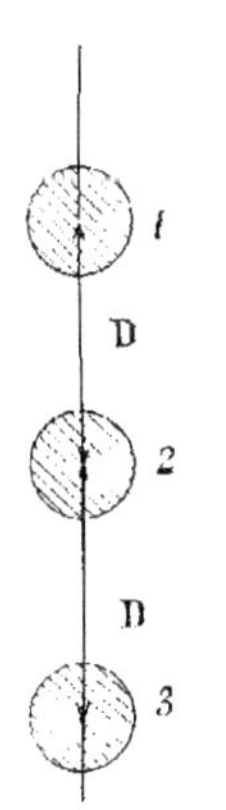

Fig. 27. — Ligne triphasée composée de 3 conducteurs placés dans un même plan.

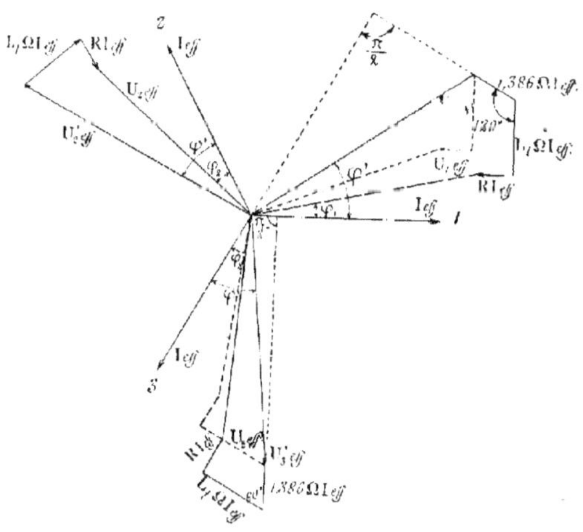

Fig. 28. — Diagramme donnant la chute de tension dans une ligne triphasée composée de 3 conducteurs disposés dans un même plan.

comme

$$i_2 + i_3 = -i_1$$

et

$$2\log_e 2 = 1,386$$

on a :

$$c_1 = \left[\frac{1}{2} + 2\log_e \frac{a}{D}\right]\frac{di_1}{dt} - 1,386 \frac{di_3}{dt}.$$

Pour le conducteur 2.

$$e_2 = \left[\frac{1}{2} - 2\log_e a\right]\frac{di_2}{dt} - 2\log_e \mathrm{D}\frac{di_1}{dt} - 2\log_e \mathrm{D}\frac{di_3}{dt}$$

$$= \left[\frac{1}{2} + 2\log_e \frac{\mathrm{D}}{a}\right]\frac{di_2}{dt}.$$

Pour le conducteur 3.

Par analogie avec le conducteur 1, on aura :

$$e_3 = \left[\frac{1}{2} - 2\log_e \frac{\mathrm{D}}{a}\right]\frac{di_3}{dt} - 1,386\frac{di_1}{dt}.$$

D'où le diagramme de la figure 28 dans lequel on a supposé connues les tensions au départ ainsi que le courant I_{eff} que l'on a admis être le même dans tous les conducteurs.

On a posé pour simplifier :

$$L_t = \left(\frac{1}{2} - 2\log\frac{\mathrm{D}}{a}\right).$$

Cette expression représentant, ainsi qu'on vient de le voir, la self-induction apparente de chaque conducteur, lorsque ceux-ci sont placés aux trois sommets d'un triangle équilatéral.

Les conducteurs représentés en pointillé sur la figure 28 sont ceux que l'on aurait eu si les conducteurs avaient été placés aux trois sommets d'un triangle équilatéral.

APPLICATION

On se propose de calculer les tensions composées à l'arrivée d'une ligne triphasée pour laquelle on a :

Puissance à transmettre.	400 kilowatts
Tension composée au départ.	2000 volts
Fréquence.	50 périodes par seconde
Cos φ' (φ' décalage au départ).	0,85
Longueur de la ligne.	1000 mètres
Rendement de la ligne.	95 °/₀.

Les trois conducteurs seront placés dans le même plan, le conducteur du milieu étant supposé écarté des deux autres de 20 cm. Cet écartement aussi faible a été choisi afin de rendre plus sensible la dissymétrie existant pour les tensions à l'arrivée, dissymétrie qui est d'autant plus grande que les conducteurs sont plus rapprochés.

Calcul de la section des conducteurs.

On a en employant la formule générale de la page 6 :

$$S = \frac{1.8 \times 400\,000 \times 1\,000}{5 \times 2000^2 \times 0,85^2} = 50 \text{ mm}^2.$$

On prendra trois fils de 8 mm. de diamètre correspondant à une section de 50,27 mm²., d'où :

$$a = \text{rayon des conducteurs} = 0,4 \text{ cm}.$$

Calcul de l'intensité efficace dans chaque conducteur.

$$I_{eff} = \frac{400\,000}{2\,000\,\sqrt{3} \times 0.85} = 136 \text{ ampères}.$$

Calcul des tensions simples à l'arrivée.

D'après le diagramme de la figure 28, on aura pour les tensions simples :

Pour le conducteur 1.

$$U_{eff} = \sqrt{(U'_{1eff} \cos \varphi' - 1.386 \times 10^{-4} \, \Omega I_{eff} \cos 30^\circ - RI_{eff})^2 +}$$
$$\overline{+ (U'_{1eff} \sin \varphi' - 1,386 \times 10^{-4} \, \Omega I_{eff} \sin 30^\circ - L_\omega I_{eff})^2}$$

où :

$$U'_{1eff} \cos \varphi' = \frac{2\,000}{\sqrt{3}} \, 0,85 = 981,5$$

$$1,386 \times 10^{-4} \, \Omega I_{eff} \cos 30^\circ = 1.386 \times 10^{-4} \times 2\pi \times 50 \times 136 \times 0,866$$
$$= 5,125$$

$$RI_{eff} = 1,8 \, \frac{1\,000}{50} \, 10^{-2} \times 136 = 48,96$$

$$U'_{eff} \sin \varphi' = \frac{2\,000}{\sqrt{3}} \, \sqrt{1 - 0,85^2} = 607,4$$

$$1,386 \times 10^{-4} \times \Omega I_{eff} \sin 30^\circ = 2,96$$

$$L_\omega 10^{-4} \, \Omega I_{eff} = \left(\frac{1}{2} + 2 \log_e \frac{20}{0,4}\right) 10^{-4} \times 2\pi 50 \times 136 = 35,5$$

d'où

$$U_{1\text{eff}} = \sqrt{(981,5 + 5,12 - 48,96)^2 + (607,4 - 2,96 - 35,5)^2}$$
$$= 1012,5 \text{ volts, tension simple}$$
$$= 1753,6 \text{ volts, tension composée.}$$

Pour le conducteur 2.

$$U_{2\text{eff}} = \sqrt{(U'_{2\text{eff}} \cos \varphi' - RI_{\text{eff}})^2 + (U'_{2\text{eff}} \sin \varphi' - L_\ell \Omega I_{\text{eff}})^2}$$
$$= \sqrt{(981,5 - 48,9)^2 + (607,4 - 35,5)^2}$$
$$= 1010 \text{ volts, tension simple}$$
$$= 1749,3 \text{ volts, tension composée.}$$

Pour le conducteur 3.

$$U_{3\text{eff}} = \sqrt{(U'_{3\text{eff}} \cos \varphi' + 1,386 \, \Omega \, 10^{-4} \, I_{\text{eff}} \cos 30^\circ - RI_{\text{eff}})^2 +}$$
$$+ (U'_{3\text{eff}} \sin \varphi' + 1,386 \, \Omega \, 10^{-4} \, I_{\text{eff}} \sin 30^\circ - L_\ell \Omega I_{\text{eff}})^2$$
$$U_{3\text{eff}} = \sqrt{(981,5 + 5,125 - 48,96)^2 + (607,4 + 2,96 - 35,5)^2}$$
$$= 1015,6 \text{ volts, tension simple}$$
$$= 1759 \text{ volts, tension composée.}$$

Calcul des cos φ. — (φ représentant l'angle de décalage de la tension simple à l'arrivée par rapport à l'intensité).

Pour le conducteur 1.

$$\cos \varphi_1 = \frac{U'_{1\text{eff}} \cos \varphi' + 1,386 \, \Omega \, I_{\text{eff}} \, 10^{-4} \cos 30^\circ - RI_{\text{eff}}}{U_{1\text{eff}}}$$
$$= \frac{981,5 + 5,125 - 48,96}{1012,5}$$
$$= 0,925.$$

Pour le conducteur 2.

$$\cos \varphi_2 = \frac{U'_{2\text{eff}} \cos \varphi' - RI_{\text{eff}}}{U_{2\text{eff}}}$$
$$= \frac{981,5 - 48,96}{1010}$$
$$= 0,923.$$

Pour le conducteur 3.

$$\cos \varphi_3 = \frac{U'_{3\text{eff}} \cos \varphi' + 1,386 \times 10^{-4} \, \Omega I_{\text{eff}} \cos 30^\circ - RI_{\text{eff}}}{U_{3\text{eff}}}$$
$$= \frac{981,5 + 5,125 - 48,96}{1015,6}$$
$$= 0,923.$$

Ainsi, en disposant les trois conducteurs dans un même plan, on a pour les tensions composées et les cos φ à l'arrivée de la ligne :

$$U_{1\text{eff}} = 1753,6 \text{ volts} \qquad \cos \varphi_1 - 92,5$$
$$U_{2\text{eff}} = 1749,3 \quad » \qquad \cos \varphi_2 - 92,3$$
$$U_{3\text{eff}} = 1759 \quad » \qquad \cos \varphi_3 - 92,3.$$

Si les conducteurs étaient placés aux trois sommets d'un triangle équilatéral, avec le même écartement de 20 cm., on aurait :

$$U_{1\text{eff}} = U_{2\text{eff}} = U_{3\text{eff}} = 1749 \text{ volts}$$
$$\cos \varphi_1 = \cos \varphi_2 = \cos \varphi_3 = 92,3.$$

Cette application permet de se rendre compte que la position des conducteurs n'a pas une grande influence sur la chute de tension et que celle-ci est en général pratiquement la même que si les conducteurs étaient placés symétriquement aux trois sommets d'un triangle équilatéral.

INDUCTION MUTUELLE DE DEUX LIGNES

Induction d'une ligne monophasée sur un conducteur. — Soit un conducteur C placé parallèlement à une ligne formée de deux fils 1 et 2

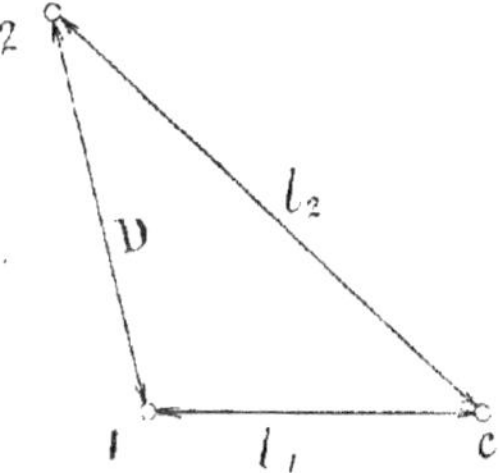

Fig. 29. — Détermination de l'induction électromagnétique produite par la ligne 1-2 sur le conducteur C.

écartés l'un de l'autre de la distance D et parcourus par du courant alternatif.

Calculons la f. é. m. instantanée c induite dans ce conducteur par la ligne.

Nous pouvons écrire évidemment d'après ce qui précède :

$$e = -\frac{d\Phi}{dt} = \frac{d\left[(\Phi_1)_{l_1}^{\infty} - (\Phi_2)_{l_2}^{\infty}\right]}{dt}$$

Φ_1 et Φ_2 étant les flux coupant le conducteur C et provenant respectivement des fils 1 et 2.

Or :

$$(\Phi_1)_{l_1}^{\infty} = \int_{l_1}^{\infty} \frac{2i}{x}\, dx$$

et de même

$$(\Phi_2)_{l_2}^{\infty} = \int_{l_2}^{\infty} \frac{2i}{x}\, dx$$

i étant l'intensité instantanée du courant qui parcourt le fil 1 dans un sens et le fil 2 en sens inverse. Nous aurons donc :

$$\Phi = 2\,i\,\mathrm{Log}_e \frac{l_2}{l_1}$$

et par suite :

$$e = 2\,\mathrm{log}_e \frac{l_2}{l_1} \times \frac{di}{dt}.$$

On remarquera que pour $l_1 = l_2$ on obtient $e = 0$.

Le coefficient d'induction mutuelle de la ligne sur le conducteur est donc égal à $2\,\mathrm{log}_e \frac{l_2}{l_1}$.

Induction mutuelle de deux lignes monophasées. — Supposons

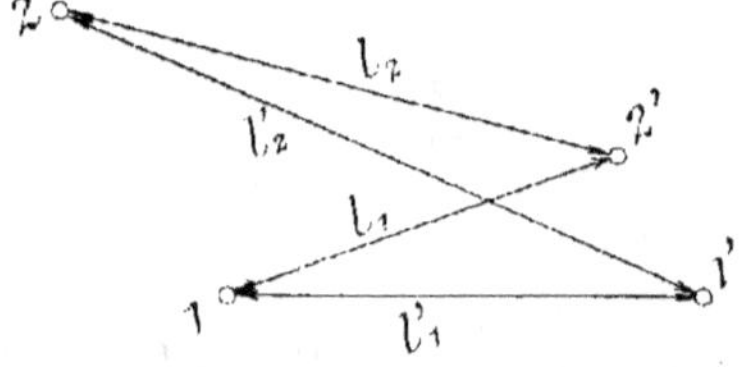

Fig. 30. — Détermination de l'induction électromagnétique produite par la ligne 1-2 sur la ligne 1'-2'.

deux lignes 1 et 2 d'une part et 1' et 2' de l'autre, disposées comme l'indique la figure 30 et parcourues chacune par du courant alternatif.

La première ligne induit dans le conducteur 2' une f. é. m. e'_2 ayant pour valeur :

$$e'_2 = 2 \log_e \frac{l_2}{l_1} \times \frac{di}{dt}.$$

On a de même pour la f. é. m. induite dans 1' :

$$e_1' = 2 \log_e \frac{l_2'}{l_1} \times \frac{di}{dt}.$$

La f. é. m. instantanée induite par une ligne dans l'autre sera donc :

$$e = e_2' - e_1' = 2 \log_e \frac{l_2 l_1'}{l_2' l_1} \times \frac{di}{dt}$$

et le coefficient d'induction mutuelle des deux lignes :

$$M = 2 \log_e \frac{l_2 l_1'}{l_2' l_1}.$$

APPLICATION

Prenons comme application le cas de la figure 31, c'est-à-dire celui de deux lignes parallèles placées dans un même plan.

Nous allons déterminer quelle est, par kilomètre, la f. é. m. efficace induite dans la ligne 1' 2' par la ligne supérieure que nous supposons parcourue par du courant alternatif à 50 périodes avec une intensité efficace de 1 ampère.

Nous aurons pour la f. é. m. efficace induite :

$$e = 2 \log \frac{l_2 l_1'}{l_2' l_1} \, \Omega \, I_{\text{eff}}$$

avec

$$I_{\text{eff}} = 1 \text{ ampère} = \frac{1}{10} \text{ unité C.G.S.}$$

$$\Omega = 2\pi f. = 2\pi \times 50 = 314$$

$$l_1 = 100$$

$$l_2 = 160$$

$$l_2' = 200$$

$$l_1' = 140$$

$$\log_e \frac{l_2 l_1'}{l_2' l_1} = \log_e \frac{160 \times 140}{100 \times 200} = 0{,}116$$

$$e = 2 \times 0{,}116 \times 314 \times \frac{1}{10}$$

$$= 7{,}285 \text{ C.G.S.}$$

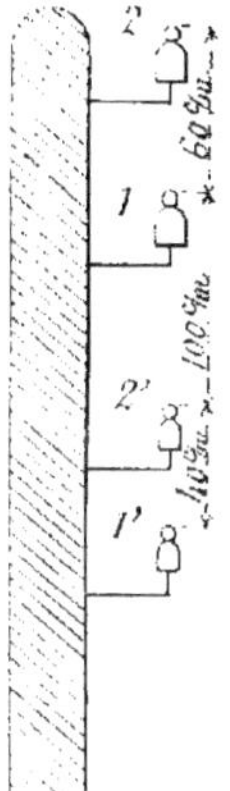

Fig. 31. — Calcul de l'induction produite par la ligne 1 2 sur la ligne 1' 2'.

par cm. de ligne et, finalement en multipliant par 10^{-8} et10^5 pour avoir la f. é. m. en volts par kilomètre :

$$e = 7,285 \times 10^{-3} \; volts$$

par kilomètre et par ampère efficace de la ligne inductrice.

Cet exemple montre suffisamment que, pour les lignes aériennes ordinaires qui ne sont jamais parcourues par des courants très intenses, et qui fonctionnent à des tensions d'autant plus élevées qu'elles sont plus longues, les effets d'induction mutuelle (induction électromagnétique bien entendu, et non induction électrostatique) sont toujours pratiquement négligeables.

Ces effets d'induction, par contre, sont très à redouter pour les lignes téléphoniques ou télégraphiques dans lesquelles une f. é. m., même très faible, peut amener des troubles importants. On peut alors, comme on le sait, les annuler facilement en croisant, à intervalles réguliers, les deux fils de la lignes téléphonique ou télégraphique afin que les f. é. m. induites dans chaque conducteur soient égales et de sens contraire.

Il est facile de généraliser ce qui précède et d'arriver à calculer, sans difficulté, les f. é. m. de self-induction ou d'induction mutuelle dans les cas les plus compliqués.

EFFETS PRODUITS PAR LA CAPACITÉ DES LIGNES AÉRIENNES

Les conducteurs d'une ligne, séparés entre eux par l'air qui est un diélectrique, forment un véritable condensateur. La capacité d'une ligne aérienne un peu longue possède souvent, en effet, une valeur assez sensible, aussi peut-elle paraître à première vue, devoir présenter une influence sur le fonctionnement de la ligne et intervenir dans le calcul de celle-ci au même titre que la self-induction.

Pratiquement, disons-le immédiatement, l'effet de la capacité peut parfaitement être négligé lorsque la ligne transporte de la puissance et son influence ne se manifeste guère qu'à vide et dans le cas de très longues lignes et de tensions très élevées.

La capacité d'une ligne a principalement pour effet :

a de donner passage à un courant de capacité ;

b d'être la cause de certaines surélévations de tension.

Courant de capacité d'une ligne ou courant de charge. — On sait que, si l'on branche un condensateur de capacité C aux bornes d'un alternateur donnant une tension U_{eff}, celui-ci débite un courant donné par la relation :

$$I_{eff} = C\Omega U_{eff}.$$

Ω étant la pulsation du courant alternatif.

Il s'ensuit donc qu'un alternateur, fermé sur une ligne possédant une certaine capacité, débite un courant, même si la ligne est ouverte à son extrémité.

Ce courant, qui est proportionnel à la tension, à la fréquence et à la capacité de la ligne et par suite à sa longueur, forme ce que l'on appelle le *courant de charge* de la ligne. Il est décalé de $\frac{\pi}{2}$ en avant sur la tension et se compose géométriquement avec le courant qui provient des appareils récepteurs.

Lorsque la ligne transmet de la puissance, le courant de charge est, en général, négligeable et peut avoir simplement pour action de diminuer très légèrement l'effet de l'inductance de la ligne, mais il n'en est pas de même si la ligne est à vide, c'est-à-dire seulement sous tension et ouverte vers les appareils récepteurs.

Lorsque la ligne est à vide, le courant de charge, que l'on peut observer souvent avec les ampèremètres du tableau, manifeste surtout sa présence en augmentant la tension aux bornes des alternateurs parce que, étant décalé en avant, il donne aux alternateurs une réaction d'induit tendant à renforcer le champ inducteur. On remarque, en effet, que pour maintenir la tension normale, il faut un courant d'excitation plus faible lorsque la ligne est branchée à vide sur les alternateurs que quand ceux-ci fonctionnent seuls.

Dans le transport de force du département de l'Aude, on a observé, par exemple, que pour maintenir la tension de 2 500 volts aux bornes des alternateurs il fallait 6 ampères d'excitation lorsque la ligne, longue de 70 kilomètres et fonctionnant à 20 000 volts, était branchée sur les alternateurs par l'intermédiaire de transformateurs tandis que, sans la ligne, les alternateurs absorbaient jusqu'à 12 ampères d'excitation pour donner la même tension.

Répartition du courant de charge et de la capacité le long de la ligne. — Le courant de charge, qui circule ainsi dans la ligne, n'a pas la même intensité tout le long de celle-ci. Il est évidemment nul à l'extrémité de la ligne et il devrait augmenter progressivement au fur et à mesure que l'on se rapprocherait des alternateurs car la capacité de la ligne ne se trouve pas en un point mais est, au contraire, également distribuée sur toute la longueur de la ligne.

En réalité le phénomène est très complexe car la résistance de la ligne, les pertes par les isolateurs ainsi que la capacité de ceux-ci et principalement la self-induction de la ligne interviennent pour modifier en chaque point l'intensité et le décalage du courant.

En pratique, pour simplifier, on peut très bien admettre, dans les cas usuels, pour avoir l'ordre de grandeur du courant de charge, que tout se passe comme si la capacité de la ligne se trouvait en un seul point placée au début de la ligne. Il devient alors facile, avec cette hypothèse, de calculer l'intensité du courant de charge connaissant la capacité de la ligne.

Calcul de la capacité d'une ligne aérienne. — *Ligne monophasée.*

— On démontre que la capacité d'une ligne formée de deux conducteurs parallèles est donnée par la formule suivante :

$$C_m = \frac{l \times 10^{-6}}{18 \log_e \dfrac{D^2}{a_1 a_2}} \text{ Farad.}$$

où :

l = longueur de la ligne en kilomètres ;

D = écartement des conducteurs en centimètres ;

a_1 et a_2 = rayons des conducteurs en centimètres.

Si l'on suppose que les deux conducteurs ont le même rayon

$$(a_1 = a_2 = a),$$

la formule devient :

$$C_m = \frac{l \times 10^{-6}}{36 \log_e \dfrac{D}{a}} \text{ Farad.}$$

et en adoptant les logarithmes vulgaires

$$C_m = \frac{0,0242 \, l \, 10^{-6}}{2 \log_{10} \dfrac{D}{a}} \text{ Farad.}$$

Ligne triphasée. — Lorsque les 3 conducteurs sont disposés aux 3 sommets d'un triangle équilatéral, la capacité de la ligne a pour valeur dans ce cas :

$$C_t = \frac{l \, 10^{-6}}{18 \log_e \dfrac{D}{a}} \text{ Farad}$$

ou bien

$$C_t = \frac{0,0242 \, l \, 10^{-6}}{\log_{10} \dfrac{D}{a}} \text{ Farad.}$$

Formule dans laquelle l est la longueur de la ligne en kilomètres, D et a l'écartement et le rayon des conducteurs en centimètres.

Calcul du courant de charge. — Si l'on admet que la capacité de la ligne est concentrée en un point, le courant de charge peut se calculer ainsi :

En monophasé

$$I_{eff} = C_m \omega U_{eff}$$

En triphasé

$$I_{eff} = C_t \omega \frac{U_{eff}}{\sqrt{3}}$$

Dans les deux cas U_{eff} représente la tension entre conducteurs (tension composée pour le triphasé).

APPLICATION

Quel est le courant de charge d'une ligne triphasée pour laquelle on a :

Longueur de la ligne = 100 kilomètres
Rayon des conducteurs = 3,5 millimètres
Écartement des conducteurs = 70 centimètres
Tension composée = 20 000 volts
Fréquence = 50 périodes.

On a pour la capacité de la ligne :

$$C_t = \frac{0.0242 \times 100 \times 10^{-6}}{\log_{10} \frac{70}{0,35}} = 1,05 \times 10^{-6} \text{ Farad.}$$

D'autre part :

$$\Omega = 2\pi f = 2\pi \times 50 = 314.$$

D'où :

$$I_{eff} = 1,05 \times 10^{-6} \times 314 \times \frac{20\,000}{\sqrt{3}} = 3\,8 \text{ ampères.}$$

Remarque. — Si l'on suppose une perte en ligne de 10 °/₀ et un cos φ au départ de 0,8, on obtient alors pour la puissance que peut transmettre la ligne en se servant de la formule générale de la page 6 :

$$P = \frac{38,5 \times 10 \times 20\,000^2 \times 0,8^2}{1,8 \times 100\,000} = 550 \text{ KW}$$

puissance correspondant à un courant de

$$I_{eff} = \frac{550\,000}{20\,000\,\sqrt{3} \times 0,8} = 20 \text{ ampères.}$$

Le courant de charge, dans cet exemple, est donc égal à 19 °/₀ du courant absorbé par les appareils récepteurs. Ce courant, qui est ici relativement considérable, ne modifie pas beaucoup le courant des récepteurs parce qu'il doit se composer géométriquement avec lui.

Surélévations de tension produites par la capacité des lignes. —

La capacité des conducteurs peut être la cause de surélévations de tension se produisant principalement à vide ou au moment de l'ouverture brusque du circuit à l'extrémité de la ligne.

À vide la surélévation de tension peut devenir importante surtout si la

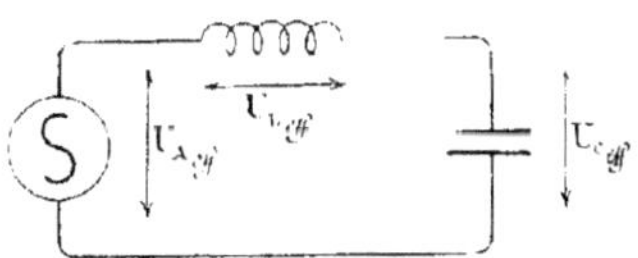

Fig 32. — Système composé d'un alternateur, d'une self et d'une capacité.

ligne est terminée par un câble souterrain présentant une certaine capacité.

Considérons, en effet, figure 32 le système formé par un alternateur, une self et une capacité et soient :

$U_{A\,eff}$, la tension aux bornes de l'alternateur :

$U_{L\,eff}$, la tension aux bornes de la self;

$U_{C\,eff}$, la tension aux bornes de la capacité.

Il est facile de construire le diagramme de la figure 33 et de constater

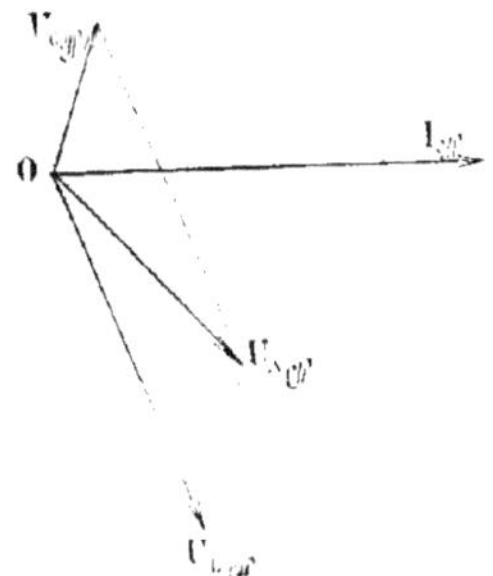

Fig. 33. — Diagramme donnant la tension aux bornes d'un alternateur fermé sur une self et une capacité.

que la tension de l'alternateur peut très bien devenir inférieure à celle qui existe aux bornes du condensateur (¹).

(¹) Dans le diagramme, les vecteurs $U_{L\,eff}$ et $U_{C\,eff}$ ont un décalage inférieur à $\frac{\pi}{2}$ parce que l'on a supposé que la self et la capacité possédaient chacune une certaine résistance ohmique.

On comprend ainsi facilement que dans une longue ligne aérienne présentant une assez forte capacité, la tension à l'arrivée de la ligne puisse être plus grande qu'au départ.

Dans le transport de force du département de l'Aude, on a constaté que la tension à l'usine étant de 17 600 volts, elle était à l'extrémité des 70 kilomètres de ligne de 18 300 volts.

D'autre part, par suite de la rupture brusque du circuit à l'extrémité d'une ligne il peut se produire, en dehors d'autres causes comme l'emballement des alternateurs, une surélévation de tension assez considérable due à la capacité de la ligne qui, par le courant de charge, agit sur l'alternateur pour renforcer le champ inducteur comme on l'a déjà dit. La tension aux bornes de l'alternateur peut devenir dans ce cas très élevée, d'autant plus que le courant d'excitation est lui-même trop grand puisque, pendant que l'alternateur était en charge, on a dû l'augmenter pour s'opposer à la chute de tension. Il est bon, pour éviter l'action nuisible de la capacité de la ligne, que les disjoncteurs à l'usine soient réglés pour fonctionner avant ceux qui se trouvent en fin de ligne.

DENSITÉS DE COURANT ADMISSIBLES
POUR LES CONDUCTEURS NUS D'UNE LIGNE AÉRIENNE

Diamètre (mm.)	Section (mm²)	Densité de courant (ampères par mm2)	
		Cuivre	Aluminium
3	7,07	5	3
4	12,57	4,4	2,6
6	28,27	3,2	2
8	50,27	2 5	1,5
10	78,54	2,2	1,3

Il ne serait pas prudent d'adopter des densités de courant beaucoup plus grandes car l'échauffement des conducteurs pourrait devenir exagéré.

TABLE DES MATIÈRES

PREMIÈRE PARTIE

Calculs électriques

CHAPITRE PREMIER

Bases du calcul électrique d'une ligne aérienne

CHAPITRE II

Relation donnant la section des conducteurs d'une ligne en fonction de la perte d'énergie en $^0/_0$ (p ou p') et des conditions à l'arrivée ($P\ U_{eff}\ \varphi$) ou de celles au départ ($P'\ U'_{eff}\ \varphi'$).

CHAPITRE III

Détermination de la chute de tension en ligne

3 mars   92

COURS MUNICIPAL
D'ÉLECTRICITÉ INDUSTRIELLE

Professé à l'Institut de Grenoble
Par L. BARBILLION

PROFESSEUR DE PHYSIQUE INDUSTRIELLE A LA FACULTÉ DES SCIENCES
DIRECTEUR DE L'INSTITUT ÉLECTROTECHNIQUE DE L'UNIVERSITÉ DE GRENOBLE

TOME Ier. — **COURANTS CONTINUS :**
    Un volume in-8° raisin de 470 pages avec 460 figures intercalées dans le texte. Prix : *broché* . . . . **12** francs.

TOME II. — **COURANTS ALTERNATIFS :**
    Un volume in-8° raisin d'environ 500 pages. Prix : *broché* . . **12** francs.

LIBRAIRIE DES SCIENCES ET DE L'INDUSTRIE

Louis GEISLER

IMPRIMEUR-ÉDITEUR

PARIS — 1, Rue de Médicis — PARIS

TÉLÉPHONE 817-24

La Librairie des Sciences et de l'Industrie

se met à la disposition de ses clients pour leur fournir tous les ouvrages français ou étrangers et répond, par retour du courrier, à toutes les demandes de renseignements.

La Librairie des Sciences et de l'Industrie

accorde des facilités de paiement pour les ouvrages d'un prix élevé, en acceptant des règlements mensuels variant avec l'importance de la commande.

La Librairie des Sciences et de l'Industrie

se charge de l'impression de tous les ouvrages concernant l'industrie et les sciences industrielles.

Le Catalogue est envoyé franco sur demande.

Le service du " **Répertoire Bibliographique mensuel** " donnant la liste des nouveaux livres parus concernant les sciences appliquées au commerce et à l'industrie est fait gratuitement sur demande.

CHEMIN DE FER DU NORD

PARIS-NORD à LONDRES

(Via Calais ou Boulogne)

Cinq services rapides quotidiens dans chaque sens

(VOIE LA PLUS RAPIDE)

Services officiels de la poste *(Via Calais).*

SERVICES RAPIDES ENTRE PARIS, LA BELGIQUE, LA HOLLANDE
L'ALLEMAGNE, LA RUSSIE, LE DANEMARK, LA SUÈDE & LA NORVÈGE

TRAINS DE LUXE

Toute l'année :

Nord-Express. — Tous les jours entre Paris (1 h. 50 soir) et Berlin. (A l'aller, ce train est en correspondance à Liège avec l'Ostende-Vienne).

Le train partant de Paris le Lundi continue sur Varsovie, et ceux partant les Mercredi et Samedi sur Saint-Pétersbourg.

Péninsulaire-Express. — Départ de Londres le Vendredi, et de Calais-Maritime le Samedi à 1 h. 03 pour Turin, Alexandrie, Bologne, Brindisi, où il correspond avec le paquebot de la Malle de l'Inde.

Calais-Marseille-Bombay-Express. — Départ de Londres et Calais-Maritime (2 h. 55 soir) le Jeudi pour Marseille, en correspondance avec les paquebots pour l'Egypte et les Indes.

Simplon-Express. — De Londres, Calais (3 h. soir) et Paris-Nord (6 h. 51 soir) pour Lausanne, Brigue et Milan (3 fois par semaine en hiver, tous les jours en été).

L'hiver seulement :

Calais-Méditerranée-Express. — De Londres, Calais (3 h. soir) et Paris-Nord (6 h. 51 soir) pour Nice et Vintimille.

Train rapide quotidien. — De Paris-Nord (7 h. 32 soir) pour Nice et Vintimille composé de lits-salons et voitures de 1re classe.

VOYAGES CIRCULAIRES A PRIX RÉDUITS

en France et à l'Étranger

avec itinéraire tracé au gré des voyageurs

Délivrance toute l'année de billets permettant d'effectuer un voyage empruntant les réseaux français, les lignes de chemins de fer et les voies navigables des pays européens. Le parcours ne peut être inférieur à 600 kilomètres.

La durée de validité est de 60 jours jusqu'à 2.000 kilomètres, 90 jours de 2.000 à 3.000 kilomètres, et de 120 jours au-dessus.

Librairie des Sciences et de l'Industrie. — 1, rue de Médicis, Paris (VIᵉ)

4ᵉ Edition

TRAITÉ
THÉORIQUE ET PRATIQUE
DES
MOTEURS A GAZ ET A PÉTROLE
Par M. Aimé WITZ

Ingénieur des Arts et Manufactures, Docteur ès Sciences
Professeur à la Faculté Libre des Sciences de Lille, Lauréat de l'Institut (Prix Montyon de Mécanique)
et de la Société des Ingénieurs Civils de France (Prix Schneider)

Ce Traité est la quatrième édition de l'ouvrage bien connu sous le même titre; l'auteur a refondu les trois volumes parus en 1891, en 1895 et 1899 en deux forts volumes, grand in-8°, de plus de 500 pages chacun. Ce sera le traité le plus complet publié sur la question si actuelle des moteurs à gaz.

Le Tome Iᵉʳ est consacré à l'étude générique et expérimentale des moteurs; le Tome II renferme la monographie des principales machines qui ont été construites avec une discussion de leurs qualités et la description détaillée de leurs organes.

Le premier volume intéressera au même degré les théoriciens et les praticiens. Après avoir raconté l'histoire des moteurs, jusqu'en 1903, et avoir établi la base de leur classification, M. Witz étudie longuement les combustibles dont on alimente les moteurs : gaz de ville, gaz à l'eau, gaz pauvres, gaz de hauts fourneaux, air carburé, acétylène, pétrole et alcool. Un livre entier est consacré aux *gazogènes*, à injecteur de vapeur, à ventilateur, à aspiration et à combustion renversée.

La théorie générique des moteurs, donnée par l'auteur en 1884 et adoptée généralement, a été revue et complétée avec le plus grand soin, de manière à répondre à toutes les critiques et à satisfaire les théoriciens les plus scrupuleux. Mais la théorie expérimentale, entendue comme le faisait Hirn, jette plus de lumière encore sur le sujet et se prête à des applications plus immédiates : on sait que c'est l'œuvre capitale de M. Witz.

Les essais des moteurs font l'objet d'une étude critique approfondie; elle est suivie d'un exposé des résultats les plus dignes d'attention obtenus sur les meilleurs moteurs.

Le Tome I se termine par l'exposé des méthodes permettant de calculer la puissance d'une machine construite et les dimensions d'une machine à construire suivant un programme déterminé.

Préparée de la sorte, l'étude individuelle des moteurs, qui est reportée au Tome second, devait être intéressante et fructueuse.

M. Witz y décrit et étudie cent douze moteurs à gaz et trente-neuf moteurs à pétrole; il discute leurs qualités respectives et met en lumière ce qu'ils présentent de neuf et d'original au point de vue théorique et pratique. Des vues d'ensemble, accompagnées de coupes nombreuses, permettent de se rendre compte de la disposition de leurs organes et des détails de leur construction.

Un chapitre spécial est consacré à l'étude comparative des principaux éléments des moteurs : ces rapprochements synthétiques sont l'occasion d'une nouvelle discussion critique des dispositifs adoptés par les meilleurs constructeurs, dans laquelle l'auteur a accumulé les renseignements techniques qui peuvent intéresser les inventeurs et les constructeurs.

Un autre chapitre a pour objet l'installation, la conduite et l'entretien des moteurs : c'est un exposé clair et méthodique de ce que doivent savoir les industriels, qui emploient les moteurs à gaz. La lecture de ce résumé leur épargnera bien des mécomptes, car ils y trouveront de précieuses indications.

Il fallait enfin faire connaître les nombreuses applications des moteurs dans la petite et la grande industrie, et établir sur ces chiffres indiscutables les avantages économiques et pratiques de leur emploi. Ici encore les documents abondent et ils plaident éloquemment la cause de ces remarquables machines, dont M. Witz avait entrevu les grandes destinées dès 1885, lors de la publication de la première édition de son livre.

L'ensemble de l'ouvrage comprend deux forts volumes grand in-8 jésus de 1136 pages, 575 figures intercalées dans le texte, et 6 phototypies hors texte.

Prix des deux volumes brochés. . . . . , , , **30 fr.**

Supplément comprenant les derniers perfectionnements apportés aux Gazogènes
et aux Moteurs à Gaz.

1 fort volume. — Prix broché. . . . . **17 fr. 50**